Sigi Sommer

Liebe zu München

Sigi Sommer, Jahrgang 1914, wuchs bei Pflege-Eltern zunächst in einem kleinen Dorf, dann in der Münchner Vorstadt Sendling auf. Obwohl er ein hervorragender Schüler gewesen war, mußte er sich als Gelegenheitsarbeiter, Boxer und Gigolo durchschlagen. In den dreißiger Jahren schrieb er erste Kurzgeschichten. Nach dem Krieg, den er an allen Fronten miterlebt hatte, kehrte er nach München zurück. Die Zuneigung zu dieser Stadt, die er nie mehr verlassen wollte, ist in seinen Texten allgegenwärtig. Er hatte Erfolg als Reporter und Sportberichterstatter, später als Romanschriftsteller und vor allem als »Blasius der Spaziergänger«. Schon zu Lebzeiten war er eine Münchner Legende. Sigi Sommer starb am 25. Januar 1996 nach langer Krankheit.

Sigi Sommer

Liebe zu München

24 Gschichterl aus der
Weltstadt mit Herz

edition schulz

© 1997 edition schulz
Verlag und Verwaltungsgesellschaft mbH

Prinzregentenstraße 54
D-80538 München

Alle Rechte vorbehalten.

Illustrationen: Ludwig Hodina, München

Druck und Bindung:
Memminger Zeitung Verlagsdruckerei GmbH
D-87700 Memmingen

ISBN 3-932142-15-2
Printed in Germany

Inhaltsverzeichnis

Saison in Schwabylon

Langsam wachsen der Sonne die gelben Haare wieder nach. Die verluderten Wolkenkissen hat der Föhnwind zurechtgeschüttelt. Der Himmel ist frisch aufgebettet. »Und auf ein Neues«, sagt die Natur. Sie mischt die Karten und die Pärchen. Grün ist Trumpf. Aber Herz sticht alles.

Vorsaison in Schwabylon. Gleich hinterm Siegestor, wo Wahnmoching beginnt, sitzen die camemberthäutigen Großstadtmenschen in mildem Licht. Den Kopf zurückgelegt und den Mund halb offen wie beim Halsarzt. Gleich werden sie »aah« sagen. Hinter St. Kajetan im Süden ragt das schwarze Gebirge. Der Wendelsteingrat ist so nah und scharf, daß man glaubt, sein Taschenmesser daran wetzen zu können. Ein Invalide geht vorbei. Da sagt ein armer zerlumpter Mann auf der Bank: »Arm sein ist schon schlimm. Aber ohne Arm sein ist noch viel schlimmer.«

Ene-bene-subtrahene –
divi-dave-domino,

zählen kleine Kinder mit zarter Kopfstimme aus. Auf das frühwarme Pflaster ist mit Kalkbrocken ein magischer Kreidekreis gemalt. Himmel und Hölle spielen die Mädchen, bunte Kieselsteine auf den balancieren-

den Zehen. Später gehen die Kleinen dann in den wind-
geschützten Hauswinkel und schutzen mit einem herrlichen Gummiball. Dazu trällern sie in vorgeschriebenem
Singsang:

Ich bin ein Student –
und wasch' mir die Händ'.

Eine junge feine Dame kommt am Spätnachmittag vorbei, schaut scheu um, ob es niemand sieht, zieht schnell
und heimlich den Schuh aus und hüpft im verlassenen
Kreis drei Häuserl weit. Dann geht sie mit hocherhobe-
nem Haupt weiter. Das stille Kind, das im Garten hinter
dem eisernen Gitter saß und Seifenblasen blies, sieht
das und verschluckt sich gleich vor Erstaunen. Als es
stark hustet, kommt die Hausmeistermutter und klopft
ihm dumpf auf den bebenden zarten Rücken.
Weiter unten, der Münchner Freiheit zu, ist der Faulen-
zer-Grill. Da sitzt die Hoffnung des Abendlandes auf
Bordsteinen, blauen Mannesmann-Hosen und den ko-
mischen weiß lackierten Kaffeehaus-Sesselchen vom
Baumuster Makkaroni-Barock. Die Boulevard-Bistros
sind brechend voller Brechts. Nickelbrillig, lässig und
leicht schizophren, leben sie nach des Meisters Devise:
»Laßt euch nicht verführen zu Fron und Ausgezehr.«
An einem runden rachitischen Tischchen sitzt auch ein
winziges, aber ochsenäugiges Filmsternchen. Sie trinkt
Sekt schon am minderjährigen Tag. Und wirft mit einer
verrucht interessanten Geste einen neuen Kupfer-
pfennig ins Glas. Der nebelhaarige Mister November
neben ihr ist im Nu zwanzig Mark Zeche los. Dann will

Monopteros, Englischer Garten

das Starlettchen mit ihrem Patriarchen noch einmal ein
wenig promenieren. Hinauf und hinab auf der Schlawi-
ner-Avenue. Monsieur Spätherbst aber nimmt sich lieber ein Taxi und fährt heim zu seiner kupfernen Wärm-
flasche: Der alte Mann kann nicht mehr.

Ja, überhaupt die Mädchen. Wie sie so schreiten und
wegschauen. Oder auch den jungen Männern einfach
kollektiv zulächeln. »Wißts es ihr?« – »Mir wissen 's aa.«
Viele tragen die Haare auf halbmast. Sie hängen ihnen
wie schwarze Trauerweiden über die fahl geschminkten
Ertrunkenen-Wangen. Und ihre schmerzlich-süßen
Mona-Lisa-Mienen sagen: »Ach ja. Wir wissen es schon.
Daß Gott uns allmählich vergaß.« Interessant, interessant. Andre wieder haben ihre blassen Haare hinten
eingerollt. Da schauen sie aus wie senkrechte Apfel-
strudel. Auch der Pluster-Skalp scheint noch immer
modern. Was diese Dampfnudelfrisuren bloß so auf-
treibt. Da können doch nicht lauter Gedanken drunter
sein. Obwohl es natürlich nichts Klügeres gibt als ein
siebzehnjähriges Mädchen. Nur ein achtzehnjähriger
Schwabinger ist noch gescheiter.

Und die erst mit den dunklen Brillen. Mit den toten
Augen von London. Sachlich kalt und teilnahmslos star-
ren sie in den Lenz. Oder drohend. Wie die Mündun-
gen einer Zwillings-Flak. Dazu als letzte Mode schwarz-
lederne Geheimdienst-Mäntel. Die Ninotschkas sind
unter uns. Zahl schneller, Genosse. Ihre Renommier-
Rouladen haben die Schönen neuerdings in bleichsüch-
tige Nylonstrümpfe verpackt. Und die Füße selbst stek-
ken immer noch in den Nürnberger-Trichter-Schuhen.

Dies ist besonders drückend für Jungfrauen mit ausgedehnten Untermännern. Mit knirschenden Zahnblomben hinken die durch den Frühling. Die Töchter Humpelmeiers. Und sie stöhnen leise wie die falschen Aschenbrödelprinzessinnen: »Ruckediguck, Blut ist im Schuck.«

Der Schutzmann auf der Kreuzung, der den Verkehr regelt, weil die Ampel ausgefallen ist, hat seinen Mantel auf einen Alleebaum gehängt. Da kommt ein tückischer Hund, schnuppert und inseriert naß. Abends wird der Verkehrspfleger meinen, das war der Tau. Und nicht ein Wauwau. Vierzehn Meter breit ist das Trottoir. Aber der Fehneberg Lulli geht viel lieber auf der eisernen Anlagestange, weil die nur vierzehn Millimeter breit ist. Bis er danebenstolpert, auf eine junge Tulpe und in eine halbernste Ohrfeige des Herrn Papa. Schau, und dort die zwei alten Spitzenschleierdamen. Kommen die nicht direkt aus der Vergangenheit und aus der sagenhaften Pension Führmann? Eine Kutsche haben sie auch noch bestellt und fahren damit hinunter zum Chinesischen Turm. Man sucht unwillkürlich nach der Filmkamera. Aber nein, es ist alles live. Das ist ja fast besser als beim Fernsehsender Freimann. »Ach, Exzellenz, haben Sie noch die Frau Sacher gekannt?« Die Passanten stehen und schmunzeln still. Der schnurrende Kater aber, der in der Auslage des kleinen Schuhgeschäftes liegt, neben einem Paar verstaubter Skistiefel, ist am Vorgestern völlig uninteressiert. Er träumt nur von der Zukunft. Jetzt schläft er. Er muß schlafen. Auf Vorrat nämlich. Denn sein Terminkalender ist übervoll.

Mit Schampus und Française

Der alte Mann sitzt im einsamen Trambahnhäusl und ist
schläfrig. Draußen wird gerade der Andreas Hofer er-
schossen. Nein, nicht in Mantua. An der Haltestelle
Brudermühlstraße. Es ist der Steinleitner Botsche. Seine Mutter hat ihn zwar als Napoleon angezogen, mit
dem quergedrehten Plüschhut aus Papas Gigerljahren
und einer Rosette von irgendeiner Straßensammlung
drauf. Aber der Widersinn Gori, der Pfeilere und die
anderen haben entschieden: »Da Napoleon hod doch
an Gaul ghabt und du net. Also bist du da Andreas
Hofer.« Dem Botsche ist's recht. Und sie lehnen den
Freiheitshelden an das Trambahntaferl zur Exekution.
Als letzten Wunsch darf er noch ein Lied singen. Mit
klarer Stimme plärrt er:

Lustig ist die Fasenacht,
wenn mei Muadda Kiachl bacht.

Als die Hundertläufer zu schnalzen beginnen, schläft
der alte Mann im Wartehäusl gerade ein. Und er geht
selber wieder Maschkera als Bub. Die Mutter hat
ihm die runden Backen mit Zichoriepapier angestrichen, und einen verwegenen Schnurrbart hat er auch
gekriegt. Behaupten könnte er's heute nicht, aber er
glaubt, der war aus Stiefelwichse. Und schon lange vor

dem Fasching hatten sie Schweinsblasen beim Metzger Gleich gebettelt. Die wurden dann farbig angemalt und galten als Luftballons. Auch zuhauen konnte man mit ihnen.

Und natürlich erst recht mit den selbstgemachten Bretschen. Zum Beispiel die Geschwister Ziegler. Deren Mutter tat sich übrigens ganz leicht. Sie zog das Fannerl immer als Bub an, und der Micherl ging im Kleid seiner Schwester. Das ganze Haus lachte die zwei aus, und sie schämten sich sehr. Aber die Zieglerin hatte halt gar kein Geld und war Witwe.

Die nächste Erinnerung an den Fasching ist eigentlich schon ein Ball. Im Gasthof »König Ludwig II.« fand er statt. Da konnten die Halbwüchsigen durch die angelehnte Küchentür zuschauen, wie das geht. Und der tollkühne Bene nahm dem kichernden Aschenbrödel Vevi den Spüllumpen aus der Hand und zog sie hinaus in die Wirtsstube, mitten unter die tanzenden Erwachsenen hinein. »Eins und zwei«, zählte der Bene mit, bis ihn die Wirtin sah und nach im schlug: »Werds zerscht trockn hinter de Ohrn«, sagte sie.

Als der alte Mann damals glaubte, das sei er nun auch bald, ging er mit den Älteren einmal maskiert auf eine richtige Fasenachtsgaudi. Als Indianer angestrichen, weil er Angst hatte, wegen dem Rotwerden. Seine erste Tänzerin hatte bronzierte Schuhe an. Nach dem stolpernden Galopp waren auch seine Mokassins versilbert. Er sagte zwar: »Den nächsten, bittschön.« Doch die Schöne ward nie mehr gesehen. Es folgten viele Bälle. Aber jedesmal, wenn er von einer Tänzerin schwärmte, sagten seine Freunde, die noch keine hatten, zu ihm: »Geh, du host ja a Eck im Aug.« Und immer redeten sie ihm die Auserwählte aus. »Unsa Freindschaft ist doch vui wichtiga«, sagten sie. Und er ließ die Mädchen dann jedesmal stehen. Bis er einmal seinen besten Freund mit einer der Verschmähten eng umschlungen abziehen sah. Dann war er nicht mehr so dumm. Damals lernte er auch die Metzger-Leni kennen. Aber über das »Sie« kam er bei der auch nicht hinaus. Wenn er aber eine Wurst holte in ihrem Laden, und der Vater war nicht da, wog sie ihm immer recht gut. Der alte Mann muß noch im Schlafe lächeln. Weil's die Leni immer noch gibt. Jetzt gehört ihr der Laden aber selber. Doch wiegt sie sehr genau heute. Auch bei ihm.

Einmal durfte er auch auf eine richtige Redoute gehen. Ein ferner Onkel, mäßig reich, hatte ihn mitgenommen. Mit Visier und geliehenem Frack. Eine rätselhaft schwüle Nacht. Mit Schampus und Française. Verschwommen tauchten jetzt ein märchenhaftes Gesicht und ein längst vergessenes Lied in ihm auf. Die Königin der Nacht hatte es dem jungen Mann ins Ohr gesungen: »Servus du«, flüsterte sie ganz leise, »servus du, um sechs bin ich bei dir.« Aber sie kam weder um sechs noch um sieben. Sie kam überhaupt nicht. Und dennoch hatte dem Träumer in derselben Nacht noch das Glück gelacht. Es stand hinter der Garderobe und hieß Mina. Sie wurde seine Frau. Ein Jahr und zwei Monate später.

Auch mit ihr war er oft auf den Fasching gegangen. Und einmal hatten sie keck vereinbart, sich für eine Ballnacht voneinander zu trennen. An der Garderobe gingen sie auseinander, und um drei Uhr würden sie sich bei den Mänteln wieder treffen. Stundenlang stand er dann hinter der Säule, bangte und suchte nach ihr. Erst um zwei Uhr entdeckte er schließlich seine Mina. Sie stand nämlich auch hinter einer Säule. Später, als es Herbst wurde in ihrem Leben, gingen sie am Faschingssonntag noch gemeinsam an seinen Stammtisch und setzten rote Papiermützen auf. Bis die Mina auf den Tag genau nach zweiundvierzig Jahren, nachdem er sie kennengelernt hatte, ohne jeden Grund und Sinn überfahren wurde. Seit damals lächelt der alte Mann ein bißchen bitter.

Da entdecken die Maschkerabuben den schlafenden Graubart in seiner dunklen Höhle. Und der frechste von ihnen zupft ihn sogar am Bart und schreit: »Des is ja da Rübezahl!« Jetzt schreien sie alle ganz laut:

Rübezahl, Rübezahl,
es war einmal.

Der alte Mann wacht aus der Erinnerung auf. Und auf einmal macht er »Huhu« und schaut grimmig und droht mit dem Haklstock. Und die Buben lachen. Der alte Mann aber weiß es: Der Kreis hat sich geschlossen. Er darf wieder mitspielen mit den Kindern. Und sogar in einer Hauptrolle.

Kaschperl Larifari

Der große Raum in dem stillen Museum ist abgedunkelt. Damit die Erinnerung darin spazierengehen kann, die keine Helligkeit liebt. Denn auf den zwanzig winzigen Bühnen sind die Dramen der Kinderzeit noch einmal lebendig geworden. König Drosselbart regiert da im gelben Krönungswams, das aus einer verblaßten Sonntagsbluse geschneidert ist. Der grimme Ritter Blaubart auch. Schutzmann Wamper, die satten Lenden mit einem Zahnstocherschwert gegürtet, und dicht dahinter der leibhaftige Boandlkramer. Grätenbrüstig wie eine abgenagte Aschermittwochsmakrele. Und mit mahnendem Memento-mori-Kopf. Aber ganz im Vordergrund er selber. Der Kaschperl Larifari. Die Haupt- und Schlüsselfigur der Ausstellung »Hundert Jahre Münchner Marionettenspiele«.
Graf Pocci und Papa Schmied waren die Väter dieses fleckerlgewandeten Erzbazi-Bürscherls, das aussieht wie eine Mischung aus einem bedudelten Scherenschleifer und einem Michael Kohlhaas. Und das weder Ritter, Tod noch Teufel fürchtet, sondern zum geisterbleichen Sensenmann einfach sagt: »Wer bist du? Da Dod, da Menschenfresser? Friß doch Bratwürschtl, die schmegga da bessa.«
»Die Damen werden gebeten, die Hüte abzunehmen«,

steht auf den alten Plakaten, die das Auftreten des
Kaschperls im Münchner Marionettentheater oder auf
der Wanderbühne in der Vorstadtwirtschaft »Zum Her-
zog Siegfried in Bayern« ankündigen. Und auf den
Theaterzetteln dieser winzigen Kammerspiele liest man:
»Das Rotkäppchen, ein dramatisches Märchen«. »Ko-
losiris, die Lotosblume«. Oder »Kasperl in Ägypten«.
»Die Sieben Raben« oder »Mutterfluch«.

Manche dieser Marionettenbühnen befanden oder be-
finden sich in Privatbesitz. Professor Max Diekmann
zum Beispiel, ein Pionier des Fernsehens, hatte eine.
Der gefallene Bildhauer Toni Ehrbacher auch. Dann die
Sollner Geschwister Jansen, Hans Lippert und Peter
Auzinger. Auch Karl Valentin.

Sinnend stehen ein paar betagte Frauen mit gnädig-
mürben Boxcalfstiefeln vor den großen Vitrinen.
»Woaßt as no, Minna, wie ma 's erstemoi beim Birken-
maier an Kaschperl gsehng ham?« Und sie werden still
und erleben wohl alles noch einmal durch. Wie der
Kasperl neben der Margarinekistl-Schlucht lag, die
direkt in die Hölle führte. Und sagte: »Goi Kinda,
deads mi fei wegga, wenn wer kummt.« Und auf einmal
fuhr der Beelzebub persönlich aus dem Schacht. Im
schwarzen Kinihasen-Frack und mit spitzen, roten Rü-
benhörndln. Und er knurrte mit wackelndem Kopf:
»Perlico-perlaco.« Und alle Kinder hätten darauf
geschworen, daß es jetzt nach Schwefel roch. Aber soviel sie auch schrien, der Kasperl wachte einfach nicht
rechtzeitig auf. Erst immer, wenn der Sparifankerl
schon wieder verschwunden war. »Woaßt as no, Min-

na«, sagt die alte Frau jetzt zur Freundin noch einmal und wispert ihr ganz nah ins Ohr: »Wiast as du amoi vor lauta Angst nimma ausghoidn host und ...« – »Aber d' Mama hod ma gleich wos Frischs ozong«, gluckst die Minna verschämt zurück.

Vielleicht denkt auch der alte Herr Zeitlmeier dort an etwas Ähnliches. Womöglich daran, was das große grüne Krokodil alles in seinem unersättlichen Rachen verschlang. Bevor ihm der Kasperl mit der Bretschn den längst verdienten Garaus machte. Kochlöffel und den Schnitzlklopfer fraß es. Schürhakl und Kohlenschaufel. Langsam geht der einsame Herr weiter, träumt und murmelt: »Eigentlich san mir im Lebn doch aa bloß Marionettn. Nur de Fädn sicht ma hoid bei uns net.« An der erzenen Büste des Grafen Pocci bleibt er dann stehen. Schaut lange den gütigen Kopf des Kasperlvaters an und begrüßt daneben seinen rotnasigen Spitzbubensohn. »Seids olle do?« hat der doch immer gefragt. Nun, alle waren sie heute natürlich nicht mehr da. »Habts a Goid aa?« Na ja, es läßt sich schon auskommen. »Dann schreits amoi olle fest hurra!« Und »Hurra« schreit da auf einmal halblaut der Herr Zeitlmeier. Er wird im Nu so rot wie die Nase vom Kasperl und drückt sich schnell und verstohlen hinter dem leise lächelnden Ordnungsmann zur Tür hinaus.

Herz am Spieß

Hans Jochen und Ingeborg gingen in die Anlagen. Es war ein knospenspringender Frühlingsabend mit Sternengerinnsel und herrlichem Alimentenwetter. Hans Jochen hielt sein junges Glück innig an der Hand. Seine Brille funkelte verheißungsvoll im Mondenscheine. Und seine Hände waren feucht. So wie die vom tapferen Schneiderlein etwa, als es den Emmentaler Käse zermalmte. Ingeborg schritt rüstig fürbaß. Unter ihren jungen Beinen knirschte der Kies. Aber die Amsel im Gebüsch warnte sie leise: »Gehnitmit, gehnitmit!« Doch irgendein frecher Buchfink funkte dazwischen und zwitscherte frech: »Tu's nur, tu's nur!«

Dann mußte Ingeborg niesen, und etwas später sagte sie schwärmerisch: »Siehst du den Mond, Geliebter?« Und sie dachte sich dabei: Sicher wird ihn der lange Lulatsch wohl sehen. Er muß sich ja fast bücken, wenn er darunter durchgeht.

Sie machten dann eine ganz schöne Fahrt, die beiden Liebesleute, und gewannen rasch an Boden.

Schließlich landeten sie am sanften Hang, unter dem der diebische Fluß wie auf Socken vorüberschlich. Eine uralte Buche stand wartend da. Und die Fliederbüsche dahinter schoben Kulisse. Da sagte Schön Ingeborg: »Wollen wir?«

Und die beiden setzten sich ins Gras, ins grüne. Hans Jochen streckte heimlich seine langen Knochen von sich. Sie nahmen kein Ende mehr. Und knackten laut in den Gelenken. Zuerst sprach Ingeborg fast nichts. Später schwieg auch er wieder ein bißchen. Einmal aber versuchte sie energisch, ins Gespräch zu kommen, und fragte ihn frei von ihrer jungen Leber weg:

»Sag mal, Hans Jochen, liebst du mich eigentlich sehr?«

»Sehr«, gestand er.

»Wie sehr?« wollte sie wissen.

»Arg sehr«, offenbarte der Jüngling.

»Mehr als ...« drängte sie stürmisch.

»Mehr als Reibekuchen«, entfuhr es vergleichsweise dem ehrlichen Liebhaber. Aber schnell verbesserte er sein Geständnis noch spontan um ein beträchtliches.

»Mehr als den Bundeskanzler«, sagte er nun stotternd.

»Ach, das ist ja noch gar nichts.«

Dann suchte er noch lange nach ähnlichen Vergleichen, fand aber keine. Da warf er eine Zeitlang Kieselsteine in das kichernde Wasser.

Doch auf einmal griff er ganz überraschend an.

»Ingeborg«, flüsterte er heiser und verschluckte sich sofort. »Ingeborg, jetzt möchte ich etwas ganz Dummes tun. Eine ganz große Dummheit.«

»Sieh da«, staunte die Geliebte.

»Weißt du, etwas, was uns immer an diesen Abend und an unsere Liebe erinnert.«

»Na denn«, ermunterte die Julia unter der Buche. Und sie rückte sich etwas zurecht. Eine knorrige Baumwurzel hatte sie nämlich die ganze Zeit hart belästigt.

»Aber ich habe ein bißchen Angst, ob es dir auch recht sein wird«, testete der heisere Romeo weiter.

»Es wird sich weisen«, sprach das Mädchen.

»Und dann frag' ich mich auch, ob es nicht am Ende sehr weh tut?«

»Das müßte man halt wissen«, kam es aus dem Rosenmund.

»Oder ob es nicht gar recht ungesund ist.«

»Nein«, lispelte da die kleine Sünderin mit entwaffnender Offenheit, »selbiges wohl ganz bestimmt nicht.«

»Ja, aber wenn nun jemand kommt«, zögerte Hans Jochen immer noch weiter.

»Na, aber das hören wir doch«, entgegnete die Geduldige.

»Oder wenn uns jemand sieht?«

»Ach, es ist doch stockdunkel«, sagte Ingeborg schon halb ernüchtert und dachte sich: Was soll's denn. Gleich ist die Kuh aus dem Stall.

Da nahm Hans Jochen die letzte moralische Hürde und entschied trotzig: »Du hast recht, Liebes. Schließlich haben doch schon viele andere vor uns das gleiche getan. Und wie sie es getan haben!«

Und er griff in die Hose, holte ein schönes, neues Taschenmesser hervor und begann, ein Herz mit den Anfangsbuchstaben »H« und »I« in die Rinde der alten erstaunten Buche zu schnitzen. Die ließ es sich dann doch gefallen. Als er fast fertig war, verbrach er auch noch einen Pfeil, der wie ein Schaschlik-Speer quer durch das dargestellte Organ hindurchging. Dann schnitt er sich fest in den Finger. Womit bewiesen ist, daß ihm die nötige Übung fehlte. Drei Tropfen Blut tröpfelten über das Herz. Es war kein sehr großes Herz geworden. So eins für zwei Personen etwa. Und mit den Blutstropfen sah das Herz am Spieß direkt ein bißchen englisch aus. Nicht ganz durch halt.

Aber wo war Ingeborg? Schön Ingeborg war längst gegangen.

Blume mit Senf

Gleich hinter dem Eingang zur großen modernen Kunst-
ausstellung befinden sich drei vielbestaunte Plastiken.
Die erste ist ein Würfel aus vielfach durchlöchertem
Plexiglas. Und jeder halbwegs gebildete Mensch weiß
da sofort, daß es sich nur um den »Ausbruch eines
Sägefisches durch das Polareis bei Murmansk« handeln
kann. Auf dem zweiten Postament liegen lediglich ein
paar Handvoll nagelneue Glasscherben. Auf dem Pla-
kat darunter steht zwar »Finale«, trotzdem meinen die
meisten Beschauer, es wären wohl sicher die Reste eines
Schaufenstereinbruchs am Kurfürstendamm. Werk
Nummer drei hängt mindestens drei Meter hoch über
dem massiven Steinfußboden der Wirklichkeit, den
sein Schöpfer schon längst mit unbekanntem Ziel verlassen hat. Es ist eine Messingußkombination, die jeder Mensch ohne bedeutenden Augenfehler sofort als
einen vom Blitz zerfetzten Voburger Nußschinken klar
erkennt.
Und vor diesen Werken stehen die Leute. Lächelnd,
kopfschüttelnd, verträumt, verklärt und verwirrt in alle
Ewigkeit. Unter ihnen befinden sich auch zahlreiche
Neudenker und Sucher von jener Sorte, denen ihre
scharfen Gedanken meistens schon die Haarwurzeln
von innen her abgefressen haben, so daß ihre gescheiten

Köpfe heute barfuß gehen müssen. Auch eine Handvoll von den ewig Unentschlossenen sind gewiß darunter. Intellektuelle, die sich einfach nicht zwischen einem Habsburger oder einem Limburger entscheiden können. Manchmal aber beobachtet man auch ein Pärchen, das sich an diesen Kunstprodukten noch nicht geritzt und somit infiziert hat. Und da sagt dann vielleicht sie zu ihm: »Weißt du, Egon, wenn diese Künstler zum Beispiel neben ihre surrealistischen Werke ganz einfach einen korrekt gemalten wehen Finger hingehängt hätten oder ein gewöhnliches Suppengrün, könnte man ihnen ihre rätselhaften Schöpfungen vielleicht noch eher abnehmen.«

So aber kann man sich die Kopfhaltung der meisten Betrachter, die ihre Gedächtniskonserven schräg wie Kanarienvögel neigen, nur so erklären, daß sie halt versuchen, ihre Gehirnsubstanz in der Schläfengegend etwas zusammenlaufen zu lassen, um so vielleicht dem Sinn der geheimnisvollen Schöpfungen wenigstens etwas auf den Grund zu kommen. Und jedes Jahr haben diese Ausstellungen auch noch extra Abteilungen. So zum Beispiel die Zweigniederlassung »Sport in der modernen Kunst«. Doch schlendern dann durch diese Hallen nicht etwa irgendwelche Veteranen der Aschenbahn oder Giganten der Landstraße. Sondern fast immer nur Leute, die eine Riesenwelle kaum von einer Kurbelwelle und einen Aufwärtshaken nur sehr schwer von einem Kleiderhaken unterscheiden können. Und die machen dann Augen wie frisch gekochte Forellen und glucksen leise mit dem Inhalt ihrer stark ovalen

Isartor

Köpfe. Denn was gibt es da nicht alles zu sehen. Da
steht im Mittelpunkt eine Buntmetall-Plastik aus grün-
rotem Kanonenteig gegossen. Und »Fußballmannschaft« benannt. Statt der Arme haben die seltsamen
Kicker Sperrhaken. Vielleicht um damit das gegneri-
sche Tor zu öffnen. Und ihre Köpfe sind so spitz, daß
sicher jedesmal der Ball darauf steckenbleiben würde.
Solche Gußreste fand man doch Anno fünfundvierzig
noch massenhaft auf den Bombenschuttplätzen. Daneben thront eine Staffel, die sich »Laufgruppe« nennt.
Und in der Tat, das ist sie wohl auch. Aber so eine zum
Davonlaufen. Und bei der Lindenholz-Skulptur »Vor
dem Start«, die sich gewiß ganz ausgezeichnet zum
Anheizen der Mannschaftsunterkünfte bei Olympi-
schen Spielen eignen würde, liegt der Gedanke recht
nahe, ob man denn aus so schönem, astfreiem Holz
überhaupt Sportler schnitzen sollte. Und nicht lieber
Kochlöffel.
Weitere Kostproben Gestalt gewordener Leibesübun-
gen präsentiert die Kolossal-Statue »Die Schwimme-
rin« aus englischem Zement. Die Gott sei Dank bei dem
ersten Versuch schon hoffnungslos ersaufen würde.
Und eine andere Portland-Lady, »Dreispringerin« getauft. Bei ihr drängt sich der Gedanke auf, daß sie
wegen ihres gigantischen Schleuderbusens wohl bedeu-
tend mehr Chancen im Seitensprung hätte.
Besonders sehenswert aber sind bei allen diesen Phan-
tasie-Messen immer wieder die eingerahmten und auf-
gehängten Kunstparzellen. Und wenn es heißt, daß
Papier geduldig ist, so ist es die Leinwand wohl im

Superlativ. Da sind Künstler vertreten, die hängen einfach eine bekleckerte Frühstücksserviette an die Wand und nennen sie »Gelächter in der Einbahnstraße«. Oder sie stellen ein Stück umrandete Finsternis bei Leverkusen zur Diskussion, das dann im Katalog als »Lilie mit Senf« deklariert ist. Beliebte Motive sind weiterhin auch noch »Linksgescheitelte Eierhandgranaten«, der »Aufstand der Kernseife« oder »Geriebener Montag am Freitag«.

Gewiß mag da mancher bei solchen Zumutungen auch sagen: Was Kunst ist, bestimmt immer der Betrachter. Die größte Kunst all dieser Künstler aber, die so was ausstellen, ist zweifellos jene: Daß sie beim Anblick ihrer eigenen Werke das Lachen verbeißen können.

Glück im Krug

Wieder einmal pilgert der Spaziergänger hinauf zum Nockherberg. Und wie er's erlernt von seinen Vätern, geht er natürlich zu Fuß, überquert den freundlich glucksenden Canale Grande, den Auer Mühlbach, und schnauft dann die sechsundsiebzig Staffeln hinauf, unter denen einst der »Kuckuck« hauste. Nämlich jener Unglücksvogel, der als Zeichen eines angreifenden Luftgeschwaders seinen tödlichen Lockruf durch das Radio erschallen ließ. Und der vom idiotensicheren Bunker des Herrn Gauleiters aus, der sein Rattenloch ausgerechnet in den Monte Salvatore gegraben hatte, betätigt wurde.

Oben bleibt der Spaziergänger ein bisserl stehen und blinzelt zurück auf seine sportliche Leistung und auf die alten, schiefen Vorstadtherbergen der Au. Dann geht er, mit nichts als einer glücklichen Vorfreude im Bauch, die letzten hundert Schritte auf die Pforte des geliebten Starkbier-Wigwams zu. Beim Steckerlfischbrater, zu dem ein Bierseliger gerade sagt: »Sie, von Eahna gibt's fei a Liad, kenna S' des net? ›Im Brater blühn wieda die Bäume‹, hoaßt's«, nimmt der Bergsteiger eine Nase voll würzigen Geruchs mit und kauft sich bei der alten Radifrau seine erste weiße Brotzeit-Kartoffel. Denn nach althergebrachtem Rat ist ein frisch geschnittener

Rettich mit mindestens achtundzwanzig Blättern das
einzige Buch, in dem man im Frühling lesen soll. Freilich, sündteuer sind sie ja schon noch, die zarten Rülps-
Rüben. Aber die Verkäuferin meint, die Starfighter und
die Schützenpanzerwagen sind noch viel teurer. Und
nicht so gesund. Am Lattenbüffet gibt es dann noch ein
warmes »Beamtenripperl«, wie der Leberkäs hierzulande auch heißt. Und als Vorspeise einen Bismarckhering.
Wobei der Gast sinniert, ob es wohl später auch einmal
»Strauß-Sprotten« geben wird.
Auf der Suche nach einem schönen Platzerl begegnet er
einem großen Ärgernis. Nämlich einer Ansichtskarten-
verkäuferin mit zahlreichen Porträts von Münchner
Bierdimpfln. Die abgebildeten Seppln schauen natürlich wieder einmal alle aus wie der Übergang vom Ne-
andertaler zum Schwachsinnigen oder wie jene erstaunt
blickenden Robben, die man in der Beringsee mit
schweren Knüppeln erschlägt. Dabei ist ein Bierdimpfl
mindestens genauso friedlich wie diese harmlosen Pelz-
mantellieferanten. Weil nämlich die köstliche Suppe
vom Faß bekanntlich wesentlich gemütlicher macht als
völlig harmlose Rauschdrogen. Bei denen es höchstens
zu einer anschließenden Hollywood-Hausschlachtung
kommen kann.
Durch das hohe Fenster, an dem er Platz nimmt, kann
der Besucher auch den Riesenmaßkrug bewundern,
den kolossalen Säufer-Ballon, der an die hundert Meter
über dem Münchner Bier-Himalaja schwebt. Und auf
einem Bierfilzl rechnet er umständlich aus, daß ein
Mensch, wenn er, ohne abzusetzen, so einen Mammut-

humpen voll Bier austrinken müßte, dazu etwa achtunddreißig Jahre brauchen würde. Immer wieder tätschelt dazwischen der Durstige die kühle glatte Hüfte
seiner alten Liebe, des hohlen Steines.

Und als er die erste Maß ausgeschleckt hat, kommt eine
große selige Gelassenheit über ihn. Und er läßt sie im
Geiste gemächlich aufmarschieren, »die ihn alle miteinander können«. Wenn sie wollen. Dann horcht er lange,
schmunzelnd und manchmal auch kichernd wie ein
alter Narr, der ein Aluminiumfuchzgerl in seiner Lodenjoppe gefunden hat, in das Gebrabbel, Geschwafel
und Geschwätz rund um ihn hinein. Immer wieder muß
er dabei feststellen, daß das Bier unmöglich dumm machen kann, denn einige von den Aussprüchen, die er da
auffängt, könnten in ihrer Weisheit direkt vom Laotse
sein.

Der Mann neben ihm, zum Beispiel, der zuerst seinem
Gegenüber saftig auf den Fuß getreten ist und ihn dann
auch noch aus Versehen mit einer umgestoßenen frischen Maß einweicht wie ein Knödelbrot, sagt zu seiner
Rechtfertigung nur: »Entschuldign S' schon, Herr
Nachbar, zwegen meiner Ungeschicklichkeit. Wissn S',
wo i bin, is nix. Und überoi ko i net sei.« Oder wie ein
Spezl seinem Freund, der ihn dauernd quält: »Geh, laß
mi wieda raus«, den guten Rat gibt: »Woaßt wos, bleib
lieba glei im Häusl draußn, und komm nur zum Dringa
rei.« Ferner die blonde Vorstadtschönheit, die ihren
Kavalier ermahnt: »Sauf doch net so vui, Michl. Nacha
konnst wieda net geh auf 'm Hoamweg, und i muaß di
hoibat trogn.« Sie kriegt einfach sachlich zur Antwort:

»Du, de schaug o, geh daad i nimma kenna, wo i 's doch
eigns vor fünfavierzg Johr glernt hob.«

Doch als der stille Genießer dann von zwei molligen
Salvator-Walküren in die Mitte genommen wird, um zu
schunkeln, und als diese lieben Schwestern zur Walzer-
weise auch noch heftig den tröstlichen Refrain singen:
»Es geht alles vorüber, es geht alles vorbei, auch der
Herr Hitler mit seiner Partei«, löst sich der Kavalier
langsam aus dem beginnenden Nahkampf. Schon
deshalb, weil er halt befürchtet, das herrliche Wonne-
süppchen in seinen Innereien könnte infolge allzu hefti-
ger Bewegung zu Malzzucker werden, der ihm dann aus
dem Mund wieder herausfallen würde. Dann geht er
gemütlich und hocherhobenen Kopfes, damit er nichts
von der genossenen Köstlichkeit verschüttet, den Monte Suri wieder bergab. Nicht ohne dem Ordnungsmann
in tiefem Mitgefühl ein Nickelstück in die Hand zu
drücken. Denn wie wird dem mäßig besoldeten Erz-
engel, der dieses Paradies bewacht, wohl zumute sein,
wenn er täglich immer nur zuschauen muß, wie viele
hundert Räusche an ihm vorbeigetragen werden. Und
nicht ein einziger davon gehört ihm selber.

Stiller Starkbier-Zecher

Der ältere Herr, der sich um diese Jahreszeit zur Traver-
sierung der Nockherberg-Nordwand rüstet, sucht nach
seinem Gipfelsieg weder Rummel noch Völlerei, sondern nur ein Platzerl, um friedlich sein Bier trinken zu
können.

Also läßt sich der Bergsteiger in einem rückenfreien
Gnadenwinkerl nieder. Er schaut zuerst einmal ein bisserl grantig und ächzt auch ein wenig, damit sich ja
keiner zu ihm hinsetzt, weil jeder denkt: »Auweh zwick,
mit dem is net guat Soizstangerlessen. Der trogt aa sei
Packerl mit rum.« Und das stimmt.

Denn nun papierlt der Mann im haarigen Lodenkleid
ein Kaaserl aus, einen Preßsack, wie es ihn nur noch in
einem geheimgehaltenen Seitengasserl gibt, und einen
Keil Holzofenbrot, das beim Schneiden leise knarzt.
Dann mustert er wohlgefällig die Kellnerin, stellt fest,
daß alles richtig angesiedelt ist bei ihr, und hält dann
stumm den Daumen nach oben, wie der Nero, bei dem
das doch auch hieß: »Leben lassen ...« Die Thea kre-
denzt ihm den schäumenden Stein, und tiefer Friede
breitet sich auf dem Antlitz des gemütlich äsenden Ga-
stes aus.

Ein altes Paar nimmt am nächsten Tisch Platz, stillen
Sonnenuntergang in den Mienen. Sie trinkt brav über

dem Henkel. Noch genauso, wie einst beim Kennenlernen. Es muß schön sein, miteinander so alt werden zu können, denkt der Zuschauer.

Weiter vorn sitzen lauter junge Leut'. Sie hänseln sich. »Geh, sei doch a bisserl vornehmer«, schreit ein wirrhaariges Bürscherl zum Spezi hinüber, »wenn ma huastn muaß, hoit ma si doch wenigstens de rechte Hand vors Aug.« Zu einer blühenden Schönheit sagen sie lachend: »Fanny, du brauchst morgn net zum Putzn kemma, da Kiwi rinnt.«

Dann sagt ein anderer: »Geh Fonse, leich ma fünf Markl.« Aber der entgegnet: »Vo mir kriagst du des, was d' siehgst, wenns d' Augn zuamachst. Des soist scho wissn: A Radl, a Madl und a Goid leicht ma net her.« Da kichert der Zuhörer und nickt. Er erinnert sich. Er hat auch einmal einem sein Madl, sein Radl und ein Geld geliehen. Alle drei hat er sie nimmer gesehen.

Liebevoll tätschelt der träumende Bierdimpfl die kühle Wange seiner Steingutgeliebten. »Bist ma doch de Liabste«, brummelt er. Ihm ist ganz zärtlich zumute. Und er möchte sich bei allen Leuten entschuldigen. Sogar bei dem Bombardonspieler, dessen Gesicht sich im Riesentrichter spiegelt und der ein bißchen falsch bläst. Aber er hat doch eigentlich niemandem was getan. Oder doch? Zu seinem Hausherrn hat er neulich gesagt: »Jetzt wern S' boid an Blindenhund braucha – weil Eahna d' Augn zuawachsn vo lauta Guadgeh.« Das reut ihn nun. Und auch, daß er den dicken Mastpinscher der unguten Witwe Hetz immer so lange tratzt, bis dieser mit seinen wackeligen Zähnen in den hingehaltenen

Haklstecken beißt. Auch das will er gewiß nimmer tun.

Halt, jetzt hätte er beinahe was vergessen. Er muß ja auf seine dahingegangenen Stammtischbrüder trinken. Und er nimmt verstohlen lauter kleine Schlückerl: »Für 'n Kaschper, für 'n Girgl, für 'n Glasä.« Wie als kleiner Bub beim Muslöffeln: »Für 'n Opa, für 'n Schutzengel, für 'n Teddybärn.« Der Lodenmann kichert schon wieder. Am Nebentisch stoßen sich zwei an.

Nun ist der stille Zecher durch und durch gut. Man könnte ihn von jeder Seite her anschneiden. Wenn das so weitergeht, wird er der Kellnerin mindestens zweiundvierzig Pfennig Trinkgeld geben. Sogar den schriftdeutschen Gästen, die ganz hinten auf einem Tisch stehen und schunkeln, kann er nimmer bös sein. Weil der liebe Gott ja auch die Fremden erschaffen hat. Aber horch, was singen sie denn da? »Ha' ick det nich jleich jesagt, die Wurst, die schmeckt nach Seefe«, singen die. Und nachher: »Omama wird mit der Sense rasiert.«

Da singt sich der Alte auch was. Nämlich: »Freut eueuch des Lehebens. Weil nohoch das Lähämmchen glüht ...« Nebenbei denkt er nach, ob er schon einmal ein glühendes Lämmchen gesehen hat. Und er wiegt leicht den Kopf dazu.

Parade unter Schwabings Pappeln

Man sitzt wieder einmal auf der Traumstraße der Welt. Dem Boulevard Größenwahn gleich hinterm Siegestor. Überall lungern die makkaronibeinigen Faulenzerschemel vor den Randstein-Cafés. Unter den Pappeln aber, die wie verwunschene Gardegrenadiere Spalier stehen, findet die große Sommer-Parade statt. Und es gehen vorüber die barfüßige Gräfin und die liebliche Marquise Pumpernickel. Blonde Windmühlen und kurvige Versuchsstrecken fesseln die Blicke. Und unter Batist und Seide ist irgendwas los. »Wipp, wipp, hurra.«

Manch still gewordener Botaniker und Pampelmusen-Liebhaber, der heute keine nasse Zeitung mehr zerreißen kann, denkt beim Anblick all dieser Pracht und Herrlichkeit gewiß an das schmerzlich wahr gewordene Bibelwort: »Von allen Bäumen des Paradieses kannst du essen. Von diesen Früchten der Versuchung aber nicht mehr.« Dabei wird andererseits überall fleißig gepflückt und geerntet. Und wenn die herzallerliebsten Jungfern beim Parademarsch lächeln und dann wegschauen, dann wissen sie, daß auch sie bald geschüttelt werden. Von bitterbösen Bubenhänden.

Die schönsten Mädchen der Welt gibt es zur Zeit wieder einmal in Schwabylon. Vor dem »Europa-Espresso«

stehen zwei besondere Extra-Ausgaben. Die eine nik-
kelhaarig, die andere rot wie die Bartholomäusnacht.
Die Verchromte hat ihre Zehennägel abwechselnd weiß
und schwarz lackiert. Wie die Tasten eines Pianos. Und
als sie mit den Füßen zu wippen beginnt, denkt mancher: »Man müßte Klavier spielen können.« Die Erd-
beerblonde raucht ein kleines niedliches Tabakspfeif-
chen. Auf der Suche nach Laster kam sie wohl auf den
Krüllschnitt. Auch ihre Nägel an den blanken Pedalen
sind gefärbt. Veilchenblau. So blau, als hätte man ihr die
Zehen mit einem schweren Eisenhammer pedikürt.
Acht harte Stöckelschuhe klappern herausfordernd
über das Pflaster. Wie Kastagnetten. Nach der weltbe-
kannten Weise: »Auf in den Kampf, Torero.« Die Cock-
tail-Fannis, denen sie gehören, arbeiten in der nahen
Bar. Als sie zu dem Maler kommen, der eine saftige
Schönheit auf den warmen Asphalt kritzelt, bleiben sie
mit schrägen Singvögelköpfen stehen und schauen das
Pastellgemälde lange an. Dann klimpern springende
Silbermünzen auf den Boden. Die späten Mädchen ha-
ben das Porträt erkannt. Es ist die Büßerin Magdalena.
Die Schutzpatronin aller Nebenstraßen.
Weiter unten bei der »Frosteria Cadore« sind über-
haupt nur noch Mädchenbeine zu sehen. Die Zwillings-
Lafetten Beelzebubs. Eine Artillerie der Todsünden.
Ach ja. Lange verweilt ein Wanderer am jenseitigen
Straßenufer mit fleißigen Pupillen. Seine Augen klet-
tern bereits hurtig an den schlimmen Nylonstämmchen
empor. Da kommt ein blauer Omnibus und fährt ihm
direkt über die bereits geplante Hochzeitsnacht.

Ein langhalsiger Kran schlägt sich den Bauch voll schwarzer Schwabinger Erde. Mit weit ausholenden Gesten lernt ein magerer Schauspieler die Rolle seines Lebens. An der Straßenkreuzung weint ein kleines Mädchen, das ganz in Weiß gekleidet ist. Es sieht aus wie ein Glas Milch, das überläuft. Eine junge Ehefrau in der Parterrewohnung schließt Fenster und Vorhang, läßt auch die Jalousie noch herab. Und errötet trotzdem dabei. Ein sanfter Irrer mit einem babylonischen Bart murmelt die mißverstandenen Katechismusworte vor sich hin:

Jehova, dir künd' ich auf ewig Hohn.
Ich bin der König von Schwabylon.

Was aber tut das kleine Waldbauernmädel dort drüben? Ja, die mit dem züchtigen Binsenkörbchen. Ei, hat sie nicht Rotwein und Kuchen darin? Um damit zur kranken Großmutter zu gehen? Aber mit wem geht sie statt dessen weg? Mit einem Herrn vom Film wohl. Der die langen Zähne nur mühselig hinter wäßrigen Lefzen verbergen kann. Ja, merkt denn die Kleine nicht an seinen milden Worten, daß jener nur Kreide gefressen hat? Aber es hat sich wohl gar nichts geändert seit den Gebrüdern Grimm. Denn diese Mädchen mit dem dunklen Blick haben immer noch eine schreckliche schaurige Liebe zu den bösen Räubern. Und sie folgen den Wölfen. Und keine kann so einen Isegrim dann nach vollbrachter Tat wenigstens in den Brunnenschacht stoßen. Wie im Märchen. Weil doch die modernen Hotelzimmer alle nur noch Spülbecken haben.

Wenn die Heuschrecken kommen

Es ist wirklich seltsam: Jedes Jahr, wenn die dünnbeini-
gen Brüder aus dem Norden bei uns einfallen wie die
biblischen Heuschrecken und in ihrer Erholungsgier
bis in den letzten Oktoberfest-Tag hinein große Stücke
weißblaue Luft aus unserem herrlichen Ozon heraus-
beißen, laden gleichzeitig ihre Lohnschreiber die Füll-
federhalter mit Schmähe und häßlicher Verleumdung.
Da heißt es dann in ihren Zeitungen, daß in den bayerischen Schulen am meisten geprügelt wird und die armen Kinder im Freistaat nur deshalb so große Ohren
hätten, weil die Eltern sie an ihren Lusern übers Gebirge herüberheben würden, damit sie endlich einmal sehen könnten, wo das glorreiche Land Preußen liegt.
Und an der bayerischen Lebensart können sie sich überhaupt nicht genugtun. Vorweg behaupten sie mit kühler
Stirne, daß der Bayer eigentlich nur der Übergang vom
Österreicher zum Menschen sei. Und in den Statistiken
weisen sie ferner haarscharf nach, daß das südliche
deutsche Hilfsvolk zudem den geringsten Seifenver-
brauch hätte, und legen die Vermutung nahe, daß die
Leute dort wahrscheinlich beim Waschen bloß einen
rauhen Isar-Kiesel zum Abschrubben ihres Grindes
hernehmen würden.
Daß jeder fünfte »Seppl« ein Tiroler Sportabzeichen

Augustiner-Keller, Arnulfstraße

besitzt, hierzulande auch Kropf geheißen, erfüllt sie in
Anbetracht ihrer eigenen Streichwursthälse mit sichtli-
cher Genugtuung. Und was den Dialekt dieser witzigen
Älpler betrifft, so könnte es sich dabei wohl nur um eine
verschleppte Halskrankheit handeln. Meinen sie.

Selbstverständlich bewegt auch die Kleidung der »Na-
gelfluh-Neandertaler« ihre Lachmuskeln aufs ange-
nehmste. So haben nach ihrer Schilderung diese Edel-
weiß-Hunnen zwar die größten Hosentürl der Welt.
Aber was dahinter ist, wäre so winzig und lächerlich wie
ein Komma im Bundeshaushalt. Und von den Gipfel-
pinseln, welche die Ureinwohner auf ihren verschwitz-
ten Hüten tragen, vermelden die nordischen Bericht-
erstatter, daß es sich dabei nicht um die ausgerissenen
Rückenhaare von Gamsböcken handele, sondern nur
um jene Haare, welche ihren unguten Weibern auf den
Zähnen wachsen.

Hinsichtlich der sonstigen »Kultura« aber sind sie genau derselben Meinung, die einst ein Politiker von sich
gab, daß nämlich gleich hinter Ulm der Balkan beginne.
In der Hauptsache verbrächten die Bayern nämlich ihre
Freizeit mit dem Stehlen von Maibäumen und dem
Reparieren jener Leitern, die sie Nacht für Nacht von
einem Kammerfenster zum anderen schleppten. Weil
man ihnen noch nichts von der Erfindung der Türen
erzählt habe.

Viele dieser Vorstellungen der Salzkartoffel-Hunnen
werden dann auch noch reichlich in bare Münze umge-
prägt. Denn Dutzende von Souvenir-, Postkarten- und
Andenken-Herstellern, die sich hauptsächlich in außer-

bayerischen Orten befinden, welche so kerndeutsche Namen wie Wanne-Eickel oder Castrop-Rauxel führen, leben nicht so schlecht von ihrer Häme.

Deshalb sind in den bayerischen Gemischtwarenhandlungen überall so entzückende Erinnerungskarten zu finden wie beispielsweise ein Münchner Kindl, das zwischen den zwölf Meter auseinanderliegenden Türmen der Frauenkirche einen schmerzhaften Spagat macht. Und dazu ein fröhliches »Prost« aus seinem Munde in Richtung zum Brandenburger Tor hin ausstößt.

So ist es denn schließlich keineswegs verwunderlich, wenn manche Ureinwohner des gesegneten Weißwurst-Paradieses in der Touristen- und Reise-Saison immer auf gut bayerisch zueinander sagen: »Leit, jetzt werd's höchste Zeit, daß ma d' Sau rauslassen. Hoits eichane Wogscheitl, die Morgenschtern von da Sendlinger Bauernschlacht und de letzten Ochsnfiesl, damit ma dene frechn Briada aus preißisch Berlin endlich amoi eahnane dürrn Wadln nach vorn richtn könna. Damit s' amoi seng, wos a echta Boar is.«

Doch wäre es viel vernünftiger, zu sagen: »Freunde, Amigos, Spezln und Landsleute! Steckt eure feststehenden Schnupftabak-Tücherln lieber wieder in die Scheide. Denn ein echter Bayer ist ein solcher, der über so was trotzdem lacht.«

Hochsaison im Hofbräuhaus

Den »Stammtisch der Völker«, die »Tränke des Abendlandes« oder das »Feuchte Herz der Welt« nennen
manche Enthusiasten die alte Hopfenburg am Platzl:
das Münchner Hofbräuhaus. Und die halbe Million
Besucher, die jährlich dort einkehren, nehmen in ihrer
Begeisterung nicht nur die besten Eindrücke mit heim,
sondern auch noch zehntausend Maßkrüge, hundert-
tausend Bierdeckel und mehrere Doppelzentner Spei-
sekarten sowie die köstlichen Sprachsouvenirs »Oach-
katzlschwoaf« und »Loawedoag«. Ferner tragen sie
ungezählte Räusche aller Handelsklassen, vom harmlosen »Nickl« oder »Stich« bis zum »Sau-Bomben«- und
»Fetzen«-Rausch, durch die gutmütig knarrenden Eingangstüren hinaus.
Jetzt in der Hochsaison ist auch der Festsaal vollgefüllt
mit Fremden, Fremdenführern, Filmstars, Firmlingen,
Freilassingern und fröhlichen Fraternisiererinnen aus
Frankreich. So daß man höchstens noch auf dem Knie
eines Ordnungsmannes einen Sitzplatz kriegen kann.
Und die blitzenden Trübsal-Abwehrkanonen der Blas-
musik schmettern ganze Breitseiten hinauf in den vom
Bierdunst gebeizten Himmel.
In der Trinkstube aber, in welcher sich die gehobenen
Wandervögel und Travellers gern niederlassen, schauen

die hochwillkommenen Gäste mit stummem Staunen die Haxn der Kellnerinnen ebenso gern an wie jene, welche diese Brotzeit-Walküren auf riesigen Tellern an ihnen vorübertragen. Und die kaum mehr von einer Sau stammen können, sondern höchstens noch von einem Saurier. Auf dem Gipfel dieser Fleischberge ist dann auch noch ein kleines weiß-blaues Fähnlein aufgepflanzt wie im Himalaja, wenn wieder einmal ein Siebentausender erobert wurde.

Nicht weniger lustig geht's in dem kleinen behaglichen Kastaniengarten zu. Dort wo in der guten alten Zeit schlagflüssige Privatiers, rotnasige Dienstmänner, hoffnungsvolle Studentlein und ratschende Rentner um die Stehbanzen herumstanden und große Politik zu kleinen Käsewürfeln oder reschen Weckerln machten. Der mürbe alte Sandsteinlöwe hört diesem plappernden Säuferesperanto auch heute noch aufmerksam zu, und er hat sein Maul dabei halb geöffnet, als hätte man ihm seinerzeit bei der Entmilitarisierung seine Zahnprothese herausgenommen und vergessen, sie je wieder zurückzugeben.

Das eigentliche Mekka aller Durstigen ist jedoch immer noch die Schwemme. In den stockwerkhohen Regalen warten viele Hunderte von Henkelvasen beharrlich auf ihre Inbetriebnahme.

Und hier können ortsfremde Zecher mit einem leisen Schaudern verfolgen, wie die überschweren Schenkkellner immer wieder einen der dickleibigen Banzen entjungfern und ihre Maßen mit winzigem privatem Schanknutzen verteilen. Ein zugewanderter Tramp kann nicht wissen, daß der Vater Staat selbst schon seine fünf Liter Bier von einem Faßl als »Überschank« für sich beansprucht. Manche Wanderer bleiben wohl auch an dem Stammtisch der »Woipatinger« stehen und betrachten lange das darüber schwebende seltsame Fabeltier, das sie vielleicht für die Deister vom Paul Schockemöhle halten mögen. Oder sie verfolgen mit ungläubigem Gesicht, wie ein winziger bayerischer Bub, der eigentlich noch ein Flaschenkind sein müßte, bereits einen eigenen Krug hingestellt kriegt und immer wieder mit Inbrunst daraus zuzelt. Würde aber so ein Unkundiger dann den freundlich nickenden Herrn Papa womöglich einmal zur Rede stellen und sagen: »Aber wie kann man denn so ein Kind schon einen ganzen Liter Bier trinken lassen?«, so würde er möglicherweise zur Antwort kriegen: »O mei – was woaß denn so a kloans Wutzerl scho, wiavui a Maß is!«

Fahrt mit der Wellendroschke

Fahrn ma nach Minga mit 'm Floß,
da geht's vui schneller ois wia mit 'm Roß,
und draußd beim Schteyrer, da kehrn ma ei,
da werd na grafft, und da hau ma drei' ...

So heißt ein altes Münchner Bierlied, das man hauptsächlich in jenen Tagen sang, als die Isar noch die Auto-
bahn der freien Wildbret-Schützen, der Holzknechte
und der Flößer war. Damals wurden auf diesem Wege ja
auch die stolzesten Baumstämme zum Bau der Frauenkirche nach München geliefert und die prächtigsten
Söhne des Oberlandes zum Sterben nach der Festung
Belgerad. Und das Ufer des wilden Flusses säumte gar
manches Marterl, das in schaurigen Bildern bärtige
Recken zeigte, die vergeblich versuchten, die stru-
delnden Untiefen auszutrinken. Denn nachgewiesener-
maßen konnten siebenundneunzig Prozent der Flößer
und ihrer Mitfahrer keinen Meter schwimmen. Dann,
als der böse Fluß etwas gebändigt und kanalisiert worden war, kam eine schöne ruhige Zeit für die schwim-
menden Zündholz-Inseln. Bis die Flößerei schließlich
mit der Wiederentdeckung der Romantik als Freizeit-
vergnügen eine größere Rolle zu spielen begann.
Nun, der alte Münchner hat sich also auch einmal so

einem Ausflug mit einer bayerischen »Brennholz-Bremen« angeschlossen. Und dabei rasch errechnet, daß ein solches Abenteuer auf der feuchten Einbahnstraße gar nicht so billig ist. Obwohl der brave River eigentlich doch alles umsonst auf seinem nassen Rücken trägt.

Inklusive Suff und Fraß, Klavier und Geige nimmt nämlich der zuständige Mastbaum-Manager für einmal Wolfratshausen - München den schlichten Kurs von einigen tausend Mark. Für dieses Geld hätten in grauer Vorzeit die Lenggrieser Buam ihre stolzen Tannen bestimmt auch auf dem Buckel nach »Minga« geschleppt und dazu noch den Tölzer Schützenmarsch auf einem Taschenkamm mit Seidenpapier geblasen. Wobei die jetzigen Unternehmer das angelandete Holz gar nicht einmal mehr hier lassen, sondern flugs wieder aufladen und mitnehmen. Trotzdem fuhr er mit einer solchen Freizeit-Fregatte mit.

Etwa sechzig Figuren gingen mit ihm über eine friedliche Uferwiese und durch eine alte Aborttüre, die an dem geschnitzten Herz mühelos als solche zu erkennen war, jedoch hier als Fallreep diente, an Bord. Darunter waren auch zwei hochrote Mädchen, deren toupiertes Haar wie die Werbung für Erdgas in den blauen Föhnhimmel loderte. Ferner mehrere Bundhosenträger mit reichbesticktem Hosentürl, ein schweigsamer Steuermann mit dem Kopf des alten »Watzmanns« zwischen den Schultern, zwei, drei Liebespaare und eine steinalte Jungfrau, die sich sofort als Galionsfigur vorn zwischen den Balken aufpflanzte und gewiß sogar das Ungeheuer von Loch Ness verscheucht hätte. Nachdem die Kapelle

das Lied »Keine Angst, keine Angst, Rosmarie« intoniert hatte, legte sich der zweite Trompeter in Gefühl
und Vormittagsrausch sofort so weit zurück, daß er
geräuschlos in den murmelnden Fluten versank. Zwar
wurde er rasch wieder geborgen, doch behielt der Fluß
die Trompete, zweiundvierzig Mark in Silber und den
rechten Haferlschuh als Tribut zurück.
Dort, wo die Isar und die Loisach sich vereinen, wurde
dann unter großem Hallo die berühmte Insel der Textil-
verächter passiert. Ganz vorn am Strand drohten zwei
Ladies mit einem gewagten Schleuderbusen, wie er
sonst nur beim englischen Hochadel und bei den
Windsors vorkommt, dem rauchlosen Brotzeit-Dampf-
fer. Während ein grauhaariger Herr, der dem Geläute
nach in der Nähe des Kölner Doms geboren sein mußte,
verächtlich das Brunnenbuberl imitierte. Ein ausge-
sprochener Sittenstrolch war auch unter dem lustigen
Nudisten-Völkchen. Der abartige Wüstling trug tatsächlich eine Badehose. Pfui Teufel!
Dreimal wurde dann zur allgemeinen Umweltver-
schmutzung angehalten. Unter dem bekannten Motto:
die Damen rechts, die Herren links. Doch ein Liebes-
pärchen schlug sich lieber seitlich in Richtung Sünden-
pfuhl ins Gebüsch. Dafür mußte es nachher der bereits
abgefahrenen Gaudi-Arche nachschwimmen.
Schließlich gab's ein gutes Juchhe bei der berühmten
Schleuse »Otto bück dich«. Weil dies aber die zwei
Leuchtgasdamen zu spät begriffen, schabte ihnen der
große steinerne Querblock den Skalp von den jungfräu-
lichen Stirnen, wie es sonst nur die Apachen bei Little

Big Horn gemacht haben sollen. Die Bundhosenträger aber donnerten mit solcher Wucht an den Zement-Pfeiler, als hätte der Schmied von Kochel abermals versucht, mit seiner Wagendeichsel das rote Tor von München einzurennen.

Und nach sieben Stunden legte schließlich die Wellen-Droschke fahrplanmäßig am Kai von Thalkirchen an. Dort wartete auch schon die brave Wasserwacht mit einem Maßkrug voll Jod und sauber zugeschnittenen Notverbänden auf die leicht verstümmelten Schleusen-Rammer. Auf die bei jeder Floßfahrt unbedingt Verlaß ist.

Bikini-Zeit

In der Badeabteilung des großen Kaufhauses geht es in diesen Tagen zu wie bei der Einkleidung einer Kompanie Froschmänner. Auf Dutzenden von Wühltischen liegen die Ganzteiligen und die Bikinis herum. Wie auf der Insel Sylt. Doch seltsam, je weniger an so einem Kaltwasser-Anzug dran ist, um so mehr kostet er. Einige sind darunter, die sind fast so teuer wie eine vierzehntägige Badereise nach Zoppot vor fünfzig Jahren. Das sind ausgerechnet die, die überhaupt nur aus ein paar großen Löchern bestehen, die außen herum ein bißchen eingesäumt wurden. Und klein zusammengelegt hat so ein Keuschheitsfutteral bestimmt in einer Puderdose Platz.

Ach, was war das doch einst für ein tiefstes Mittelalter, wo ein Büstenhalter auf einer Wäscheleine ein ganzes Hinterhaus rebellisch machen konnte. Heute halten sich die Mädchen und Madamen die Kunstfaser-Fruchtschalen in den Kaufhäusern ungeniert vor ihre Oberweite hin. Und sie gleichen damit jenen russischen Bauernmädchen, die solche Textilhütchen einst von den deutschen Landsern gegen ein paar Eier eintauschten. Weil sie sich aber infolge ihres strammen natürlichen Wachstums nicht genau über den Verwendungszweck im klaren waren, banden sie sich die

eingehandelten BHs einfach lächelnd über ihre wattier-
ten Sonntagsjacken.

Es hat den Anschein, als würden in mancher Saison
bloß jene Badeanzüge kreiert, die, genaugenommen,
nur aus dem Preisetikett bestehen. Dafür sind sichtlich
die Farben so aufregend, daß sie bei jedem, der öfter als
zweimal hinschaut, sofort eine Bindehautentzündung
hervorrufen. Veilchenblau in Himbeereis gespült und
Vergißmeinnicht in Milch gekocht sind noch die be-
scheidensten Tönungen. Einige schocken mit dem gifti-
gen Lila von Chow-Chow-Hundezungen. Und andere
tragen Spiralen, Wahnsinnskreise und optische Effekte,
von welchen die Augen des Betrachters Wasserblasen
bekommen. Zahlreiche raffinierte Verschlüsse, Span-
gen, Schließen und Ringe geben dem Unkundigen
obendrein beim Anziehen ebenso viele Rätsel auf wie
das Aufklappen eines Liegestuhls.

Und das wühlt und zerrt und vergleicht und schätzt ab.
Junge knochige Kleidergalgen krabbeln mit ringe-
bestückten Popart-Fingern in den Angebotskisten
und -kasten herum. Schwere Endvierzigerinnen, die
durch regelmäßigen Tortengenuß bereits Fundamente
bekommen haben wie das Hauptgebäude der Stadt-
sparkasse, und barocke Mütterlein, auf welche der Kin-
derreim so gut paßt:

Oben spitz und unten breit,
durch und durch voll Süßigkeit,

wühlen vergebens im Twensortiment. Und einige wuchtige Walküren haben sich bestimmt verlaufen, sie könn-

Am Rathaus, Marienplatz

ten höchstens von der Säcklerei einer Kunstmühle bedient werden. Oder vielleicht sollten sie es doch einmal in einem Sporthaus versuchen mit jenen Windsäcken, die beim Segelflug auf langen Stangen aufgezogen werden. Und nicht immer gelingt es deshalb auch den Verkäuferinnen, das Lächeln ganz zu unterdrücken, wenn so eine bombige Lady versucht, ihre Reize in ein Oberteil zu zwängen, das aber mindestens so groß sein müßte wie die Mündungskappen von einem schweren Schiffsgeschütz. Manchmal sieht das direkt aus, als würde jemand versuchen, einen Eisberg in eine Waffeltüte abzufüllen.

Andererseits haben es natürlich auch die superschlanken Spargelmädchen nicht leicht, ein wirklich passendes Freizeitkleid zu finden. Denn in der wiederkehrenden Minizeit trägt man auch nur ein Minimum von dem, was man früher unter weiblichen Reizen verstand. So haben denn heute manche Jet-Set-Schönen tatsächlich nur mehr einen Busen, der nicht viel größer ist, als wenn eine Maus eine Faust macht. Und darum tun sie sich auch in der reichhaltigen Bademodenschau schwer, etwas zu ergattern. Eigentlich müßten sie zum Optiker gehen, um sich ein Paar Haftschalen zu kaufen.

Insel des kleinen Glücks

Mitten im Herzen von Schwabylon, in Münchens Neon-, Nepp- und Nylon-Paradies, dort wo der vergammelte Sperrholz-Montmartre am widerlichsten ist, hat sich eine kleine reale Bierwirtschaft erhalten. Mit einem Wirt, der Curd Jürgens genauso mit »Herr Nachbar« anreden würde wie den Obstler Nöll. Ganz einfach, weil er ihn ja gar nicht kennt. Und einer Bilderbuch-Wirtin, einer drallen rechtschaffenen Person, die sich beim Scheibenschneiden vom kalten Schweinsbraten keineswegs vor lauter Geiz die Fingernägel stutzt. Die Preise sind zivil, die Stube ist warm, und die Gäste sind sehenswert. An den Wänden hängen vergilbte Schießscheiben, ein Regulator wedelt verschlafen mit seinem gelben Messingschweif, und am Samstag wird im handtuchlangen Nebenzimmer der Walzer gepflegt und der Wiegentango geübt. Immer gibt es winzige Sensationen in dieser Insel der Gemütlichkeit.
Zuerst einmal die Kapelle: Sie spielt das »Frauenkäferl«, und der riesige Stehgeiger singt dazu und macht den Mund nur ein ganz klein wenig auf, damit das Frauenkäferl gerade noch herauskann. Dem Virtuosen an der bierbraunen Baßgeige fehlt zwar der Daumen seiner linken Führungshand. Dafür aber hat er auch den Zeigefinger noch eingebunden. Vielleicht sind ihm

die beiden beim Nagelbeißen verunglückt. Aber kennen tut er jedes Lied, und sei es selbst »In Marokko beim Schwoaßsandbrogga«. Oder der herzhafte Zwiefache:

Drei Radi, drei Ruam,
drei boarische Buam
san so boizig und raß,
daß s' da Deife net fraß.

»De schpuin einfach ois, de drei«, sagt der witzige Scherenschleifer Widersinn. »Manchmoi schpuin s' sogar bei da Wirtin in da Kich draußn no. 'as Gschirr nämlich«, fügt er hinzu. Aber am schönsten spielen sie doch den Tellerwalzer. Damit ist gemeint, daß der Mann vom Klavier in angemessenen Pausen mit zwei übereinandergesetzten Suppentellern um ein kleines Benefiz oder Trinkgeld ersucht. Denn auch die Kunst lebt nicht vom Brot allein.

Übrigens der Scherenschleifer: Zwölf Schäfflertänze ist er schon alt, und mit seiner unverwüstlichen Leber hat er gewiß schon die Jahresproduktion einer mittleren Spritfabrik gefiltert. Er geht seit vierundvierzig Jahren mit dem »schwarzen Panther«, der Widersinn Lenz. Dies ist sein Lebensgschpusi, und sie zählt ebenfalls schon an die acht Dezennien. Denn die Liebe währet immerdar. Als der »schwarze Panther« aber neulich in einer benachbarten Wirtschaft, in der eine Hochzeit stattfand, als Bedienung aushalf, war auch einmal Damenwahl. Und da wurde ihr Lorenz von einer lebenslustigen siebzigjährigen Witwe engagiert. Der Panther

kam gerade mit einem Fischsemmel-Tablett vorbei, als
sie die Werbung um ihren Lenzl sah. Da setzte sie ihrer
Nebenbuhlerin kurz entschlossen den ganzen marinier-
ten Heringsschwarm auf den grauen Scheitel und rief
dazu: »Laß d' net glei mein Oidn schteh, du Flitscherl,
du ausgschamts!«

Direkt neben dem breithüftigen Ofen aber sitzt immer
die zweiundsiebzigjährige Fini. In ihrer Jugend Maien-
blüte war sie einmal selbst ein berühmtes Schwabinger
Heizkissen. Heute ist ihr der schwarze Nebenmann die
einzige und letzte Liebe. Sie hat das wissende Gesicht
einer ambulanten Magdalena. Mit Mary Iber war sie
einst befreundet, und sie kennt alle Höhen der Liebe,
aber auch die Tiefen aller Weißbiergläser. Vor vierzig
Jahren war ihr einmal Johannes R. Becher der liebste
Kamerad. Später dann nur mehr der Rotwein-Becher.
Trotzdem ist sie beileibe keine Reklame für Pharisäer
oder Moralisten. Sondern weit eher für den Song »Eine
Frau wird erst schön durch die Liebe«. Immer adrett
gekleidet, wie ein verspäteter Teenager, und immer
noch löwenbräublond sitzt die Fini da und lächelt still.
Bei ihr ist die Lebensrechnung aufgegangen, obwohl sie
nichts mehr hat. Aber sie will ja auch gar nix zurück-
lassen, wenn sie einmal den letzten Weg aller Bohemi-
ens geht. Doch vielleicht könnte man wenigstens ihr
Lächeln einrahmen, für die Ofenecke.

Auch die blasse kleine Helga sitzt gerne an diesem
Tisch. Sie hat einen Freund zu stehen drunten an der
Uni. Schuhmacher ist ihr Herr Papa. Und neulich hat
sich ihr Studiosus unbekannterweise ein Paar Skistiefel

bei ihm anmessen lassen. Ach Gott, wenn das der Herr
Vater wüßte, das Herz im Leib tät ihm zerspringen. Um
zehn Uhr muß die Helga daheim sein. Und den Papa
anhauchen, ob sie auch nicht geraucht hat. Dabei hat sie
doch was viel Schöneres getan. Aber Busserl riecht man
halt nicht durchs Anhauchen.

Und da wäre noch der Geiger von Florenz. Kurz vor
Mitternacht nimmt er dem Herrn Kapellmeister seine
Fiedel weg, setzt sie mit traurigen Hundeaugen an und
spielt ganz waagrecht und wie besessen: »Mama, du
brauchst ja nicht um deinen Jungen weinen.« Er singt
den Text italienisch mit:

Du hast in jenen Tagen
Hochzeit mir vorgeschlagen,
das hast du wohl indessen –
längst vergessen.

Unverwandt starrt der Geiger nach Florenz. Untertags
arbeitet er bei einer Gerüstbaufirma. Und am liebsten
ganz oben in schwindelnder Höhe. Seine Braut ist ihm
nämlich davon. Vielleicht meint er, er könnte sie von
den hohen Zinnen der Stadt aus sehen, wie sie gerade
sein blutendes Herz in die Spaghetti Milanese schnit-
zelt.

Oder dort der Maler Brand:

Der malte Röschen an die Wand.
Er malte so natürlich,
man wollte oder wollte nicht,
man brach sie unwillkürlich.

Aber nach der vierten Maß mahlt dieser Schlafzimmer-Lenbach heute meistens nur mehr mit den Zähnen. Und beschimpft jemand wüst, der unter seinem Tisch sitzen muß. Vielleicht ist es sein Meister.

Ihm gegenüber kauert stumm die »Fledermaus«. Ein Männchen mit Ohren wie Kirchweihnudeln. Die »Fledermaus« wohnt im Vorort Laim. Zwei Stunden braucht sie heim. Bei Rückenwind jedoch nur eine. Linkerhand gesellt sich zu ihr der ewige Hochzeiter. Ein Rentner mit einem Widerhakengesicht, so daß selbst die gierigste Wirtin nicht mehr anbeißen mag. Sein Bierbauch hängt auf halbmast, wie alles an ihm. Er sieht aus wie der Wassersack eines Kamels, und als wäre sein ganzer Trübsinn in diesen Behälter hineingetropft.

Dagegen aber die Damen. Alle Achtung. Die stramme Hedi vielleicht. Der sitzt das Seidenkleid so prall, als hätte man sie warm hineingefüllt in ihre Haut wie die ganz köstlichen Regensburger Würste. Die Hedi würde wohl für eine ganze Fußballmannschaft als Reiseproviant reichen. Und auch ihre Freundin, die Marielies. Ebenfalls eine körndlgefütterte Vollkost. Und wie sie sich bloß immer dagegenstemmt. Beim Tango gegen die Musik. Beim Trinken gegen den Maßkrug. Und erst beim Heimgehen. Nein, nicht gegen ihren Liebsten. Gegen den Nachtwind natürlich.

Beim Tierarzt

Der Raum ist bis zur Decke mit Angst gefüllt. Wenn
man kleine Würfel daraus schneiden könnte und sie
den Soldaten in den Morgenkaffee täte, würde wohl
eine ganze Armee kehrtmachen. Der Mann mit dem
weißen Kittel aber sagt: »Am meisten fürchten sich die
Schäferhunde.« Am frechsten seien die Dackel, Dober-
männer seien harte Männer, am traurigsten wären die
Setter, am mißtrauischsten die Schnauzer, am tapfersten
die Boxer und am gläubigsten die Pudel. Die häufigste
Krankheit jedoch der deutschen Wunderhunde ist heute wieder die »Blätterteiggrippe« oder die »Kucheritis«.
Und in der Tat kann man manches Gespann dem
Sprechzimmer des Tierarztes zustreben sehen, bei dem
die verhätschelten Mast-Pinscher ihren Bauch im Sande
nachziehen wie ein alter, schwacher Mann einen Sack
voller Nußkohlen.
Und auf den Wartebänken sitzen die Frauchen. Und
haben ihre armen Hunde auf den Armen. Sie reden in
einem seltsamen Slang unter die schlappen Plüsch-
ohren: »Wo ist denn mein Herzile?« Oder: »Wo hat
denn mein Wauwaule Wehwehle?« Einen strammen
Herrn in Wickelgamaschen sieht der Betrachter mit
einem Dobermann, der haargenau wie der Heinrich
Himmler ausschaut. Und der Herr singt ihm auch noch

ganz leise das Lied vom guten Kameraden vor. Alle drei Strophen sogar. Manche Hundemütter zittern auch. Stellvertretend für ihren Liebling und mindestens so heftig wie der Karas beim »Dritten Mann«. Nur gut, daß keine Saiten über ihr Mitleid gespannt sind. Das gäbe ja ein schreckliches Tremolo.

Sicher wird den rauh- und glatthaarigen Patienten auch mancherlei nach erfolgter Behandlung versprochen. Dem kleinen Rehpinscher dort vielleicht ein Ausflug auf den großen Sankt Bernhardiner. Und dem verwöhnten französischen Bully mit seiner hochmütigen »Wie riecht es denn hier«-Nase stellt seine Madame gewiß ein Paar schwerverchromte Kalbsbratwürste in Aussicht. Gleich neben dem Eingang sitzt ein besonders braves Frauchen. Sie hat einen dicken Wollschal um den Hals. Aus Solidarität mit ihrem Zamperl. Dem der Schlund weh tut. Vornehm und unnahbar jedoch warten die ausgesprochenen Herrschaftshunde, bis sie drankommen. Manche Lady hat für ihren Bettwärmer sogar eine komplette Mitternachts-Garnitur mitgebracht, für den Fall, daß er auf Station kommt und dableiben muß. Ein Nachthemdchen und ein Daunendeckchen, winzige Bettschuhe und Verdauungstabletten. Sicher sind auch noch ein Hostalen-Töpfchen und ein Dachshaar-Zahnbürstchen in der großen Hornback-Tasche zu ihren Füßen.

Jetzt kommt ein amerikanischer Offizier herein, mit einer winzigen Handvoll Wauwau an der Brust. Der patschige Winsler ist nicht recht viel größer als die Zunge eines Pelzstiefels und soll geimpft werden. Weil

er doch nach Michigan kommt. Als man den Yankee
dann nach der Rasse seines »dogs« fragt, deutet er stolz
auf das Bild eines Weltmeisters an der Wand und erklärt: »Scotch.« Auf das allgemeine Gelächter hin läßt
er jedoch mit sich handeln und meint schließlich: »Half
and half.« Die Menschen im Zimmer aber hätten den
frechen schwarzen Schneeball eher für die Kreuzung
zwischen einem Pulswärmer und einem Senkrecht-
starter gehalten. Die Freiheitsstatue wird sich jedenfalls
vor diesem gefährlichen Wadenbeißer schwer in acht
nehmen müssen.

Dann aber wandern die Augen in die Arme-Sünder-
Ecke hinüber. In jenen Sankt-Nimmerleins-Winkel, aus
dem es keine Wiederkehr mehr gibt. Dort warten die
Unheilbaren, die Ausgedienten und Hoffnungslosen
auf die gnädige Nadel. Denn gesunde Hunde, oder wie
es auch schon motiviert wurde: »Hunde, die nicht mehr
modern sind«, werden hier auf keinen Fall ans andere
Ufer geleitet. Es ist die Ecke der dunklen Sonnenbril-
len. Immer, wenn nämlich die müden Veteranen zum
großen Schlaf aufgerufen werden, setzen ihre Besitzer
schnell die schwarzen Abblendscheiben des stummen
Schmerzes auf. Und der Betrachter sieht auch einen
rauhen, klobigen Metzger sitzen, der mit roten Augen
auf seinen gelähmten Kameraden zeigt und meint: »Das
Schlimmste ist, daß er es weiß, daß ich es weiß. Drum ist
er so still, weil er mir nicht weh tun will.«

»Manche gäben gerne drei Finger ihrer Hand her«, sagt
der Tierpfleger, »oder fünf Jahre von ihrem Leben,
wenn es sein müßte.« Aber was soll ein Tierarzt mit

diesen Fingern oder den versprochenen Jahren anfangen?

Draußen vor der Tür liegen dann die Tempo-Taschentücher. Und stille Menschen gehen allein heim. Der Schreiber aber muß es gestehen. Zu den drei großen Traurigkeiten dieser Welt gehören wohl auch Halsbänder ohne Hunde. Und Leinen alleine.

Ohrenschmaus und Augenweide

Zu den mannigfachen Gratisgenüssen des Oktober-
festes, dem salzigen Geruch der Steckerlfische, dem
warmen Brathendl-Monsun, dem süßen Ozon gebrann-
ter Mandeln und dem sonstigen Duft der großen,
weiten Wiesnwelt, kommt auch noch eine reiche Aus-
wahl an Ohrenschmaus, der überall geboten wird. Zum
Beispiel das kurze Patschen der Luftgewehre, der
trockene Lukas-Knall, das Jauchzen bauchgekitzelter
Achterbahngäste, das bierheisere Werben der Ausrufer
und vor allem die Melodien-Artillerie in den Bierzelten.
Auch das Hämmern der Marschmaschinen vor den
Schiffschaukeln und der verschüchterte Karussell-Sing-
sang, der zitternd in der diesigen Spätsommerluft ver-
weht, das Treibriemenklatschen des Toboggans und das
zaghafte »Wiegenlassen« der alten Frau mit der grün-
gestrichenen Kartoffelwaage gehörten dazu.
In den Riesenwigwams, in denen das schäumende
Feuerwasser ausgeschenkt wird, sind die blitzenden
Trübsal-Abwehr-Kanonen der Blasmusikanten steil
zum Himmel gerichtet. Die einst so populären Weisen,
wie zum Beispiel die schwer zu widerlegende musikalische Behauptung: »D' Sau, d' Sau hod an schweinan
Kopf«, sind heute natürlich längst aus der Mode ge-
kommen. Dafür schunkelt das gesamte Zechervolk

kräftig bei der ungeheuer wichtigen Feststellung mit: »Ja, mir san mit 'm Radl da.«

»Wer soll das bezahlen?« singen vor allem kräftig jene Gäste, die sich entweder auf Firmenkosten verlustieren oder eine Handvoll geschenkte Bierzeichen in der Tasche haben. Warum gerade auf der Wiesn der alte Rauscher »Ja, ja, der Chianti-Wein« so gerne gegrölt wird, ist ebenso rätselhaft, wie wenn eine Kapelle die strapazierfähige Weise intoniert: »Ich möchte zu Fuß nach Köln am Rhein«.

Dagegen paßt die musikalische Untermalung der Hippodrom-Band »Halt dich fest, halt dich fest, Marie« wie nach Maß zu dem Hopsassa-Galopp in der kleinen Manege. Auch wenn die Trompete die beziehungsreiche Weise in der Ochsenbraterei spielt: »Dreh dich noch einmal um«, muß der Kunstfreund feststellen, daß dies der Situation der Hauptdarsteller im Spiel jedenfalls weitgehend entspricht.

Für jene Bummler, Bargeldlosen und Passanten, die ihre Brotzeit umständehalber mit den Augen machen müssen, gibt es an allen Ecken und Enden ein reichhaltiges Menü. Freunde von schönen Wadlschenkel-Happen stehen deshalb gern unter dem Toboggan und würden sich manchmal bei dem reichlichen Angebot gewiß am liebsten gleich eine Serviette umbinden. Und gerade jene, die hauptsächlich nur noch mit den Augen schmausen, schlucken fleißig mit, so daß ihr Adamsapfel pausenlos wie eine Jo-Jo-Scheibe im Hals auf- und abmarschiert.

Die Schiffschaukeln sind ebenfalls von reiferen Herren

umlagert, die sich an den wehenden Haaren und Rök-
ken satt schauen und dabei einen kleinen wehmütigen
Ausflug in jenen Garten der süßen Jugendseligkeiten
machen, aus dem sie schon seit vielen Jahrzehnten
vertrieben sind. Jeder philosophische Wiesnbesucher
schneidet außerdem im Vorbeigehen und im Geiste
auch bestimmt den fransigen Strick ab, an dem ein alter
Mann die Luftballontrauben hält. Früher, als Buben,
haben sie gewiß auch abgeschätzt, wie viele von den
farbigen Gaskugeln notwendig wären, um sie vielleicht
direkt von der Wiesn in ihre Vorstadtheimat zurückzu-
tragen.

Freilich, in der Schaubudenstraße haben die alten so-
liden Attraktionen raffinierten Pariser Striptease-
Unternehmen und der Zuckerpuppe von der Bauch-
tanzgruppe längst weichen müssen. Und der alte
Wiesnschnüffler sucht vergeblich nach dem »Affen-
weib Mungo«, das in seiner Kniehosenzeit zu jeder
Vorstellung eine lebende weiße Maus verzehrte, oder
nach »Lionel, dem Löwenmenschen«, dem die Haare
büschelweise aus der Nase und aus den Ohren wuch-
sen; auch nach »Joe Brodi, dem Rächer der Enterbten«,
der sich lebend begraben ließ und nach seiner Auferste-
hung, als er kassieren wollte, natürlich nie mehr einen
zahlenden Gast vorfand; oder nach dem schrecklichen
Marsweib mit dem langen Staubsaugerschlauch-Hals
und dem verhüllten Kopf, aus dem gruselige Weltraum-
geräusche kamen.

Auch die Liliputaner, die »kleinsten Riesen der Welt«,
sind mit ihrer wunderschönen Schau vom Oktoberfest

verschwunden. Ebenso auch die Feuerspeier, die bereits heraußen vor Karl Gabriels riesiger Völkerschau meterlange brennende Fahnen aus dem Munde bliesen, die Säbelschlucker und Nagelbrett-Fakire, die Indianer, Lippenneger, die ebenholzschwarzen Löwenjäger und die tapferen Suahelis, die der Unternehmer gleich in ganzen Stämmen nach München holte.

Nur hin und wieder sieht der alte Tritschler, der dieser Wiesnherrlichkeit nachtrauert, vielleicht noch ein paar echte Neger herumlaufen. Aber die sind heute natürlich nicht mehr pudelnackt und auch längst nicht mehr eingezäunt.

Gebrauchtes Glück auf Rädern

»Wer die Wahl hat, hat die Qual«, heißt ein altes Sprichwort aus den Lesebuchtagen. Jeder Mensch hat seine
Erfahrungen damit, denn solang er lebt, wird er immer
wieder vor eine Wahl gestellt. Und das nicht nur, ob es
um die Frage geht: SPD oder CSU. Und ob er den
»Löwen« oder den »Rothosen« seine Sympathie schen-
ken soll. Nein, auch in den winzigsten Dingen spielt das
Wörtchen »oder« schon eine ungeheure Rolle. »Kopf
oder Wappen«, heißt es bei den Kinderspielen. »Ent-
weda oda, Katz oder Koda«, sagen die alten Tritschler,
wenn sie sich entscheiden sollen. Und der Münchner
Bierdimpfl am Wegkreuz der Meinungen wiegt seinen
im Virginiadampf ergrauten Kopf und fragt sein treues
Eheweib scherzhaft: »Was moanst jetz du, Oide, mach
ma Knödl oder eß ma an Doag aso?« Hunderte von
Argumenten, Theaterthemen und geschichtlichen Er-
eignissen beschäftigen sich mit der angeblichen Wil-
lensfreiheit und dem Wörtchen »oder«. »Sein oder
Nichtsein«, sagt der Dichter, »Krieg oder Frieden«, der
Feldherr. »Rechts oder links«, der Knobelfreund an der
Barthéke. Und »Jetzt oder nie«, der Verliebte.
Drum wird auch das blutjunge Ehepaar neben anderen
Entscheidungen, die es zu fällen hat, bereits in den
Wochen des ersten Glücks vor die Kernfrage gestellt:

Zum Klösterl, im Lehel

»Kaufen wir uns jetzt einen Untersatz mit Federkern-
matratzen oder einen mit Rädern?« Und wenn er in
seiner nimmermüden Entdeckertätigkeit vielleicht
meint, so ein Schlaraffiabett hätte natürlich eine ganz
andere Federung als ein kleines Wagerl, so entgegnet
das strapazierte Jungweiberl darauf streng logisch:
»Aber mit einer Bettstatt kann man ja kaum bis nach
Hohenschäftlarn fahren.« Damit ist dieses Problem
auch schon gelöst.

Und als erstes wird zugleich das Büchlein »Nackel-
bergers Wechsel- und Finanzierungslehre Band III« er-
standen, denn man muß sich doch informieren. Dann
wird der häusliche Magenfahrplan radikal geändert,
und eine blaugraue Graupenzeit bricht an. Manchmal
besteht das Menü unter Berücksichtigung der vorge-
schriebenen Anzahlung aber auch aus vier Gängen.
Nämlich einem Wurstbrot und dreimal um den Tisch
herum. Doch eines Tages ist es geschafft. Dann steht
er draußen vor der Tür, der leicht schäbige Wimmer-
schinken. Zu dem auch die wuchtige Schwiegermutter
ihren Anteil beigetragen hat, wofür sie den winzigen
Rücksitz jeden Sonntag voll ausfüllen darf. Und dabei
die ängstliche Hinterachse so strapaziert, daß diese es
bitter bereut, nicht zu einer Haarnadel verarbeitet worden zu sein. Mit goldenen Augenzähnen, von denen der
blanke Neid herabtröpfelt, verfolgen die anderen Haus-
bewohner den ersten Start des gebrauchten Kredit-
Porsches. Und der ferne Blick des glücklichen Pärchens
reicht mindestens bis nach Verona. Das Benzin allerdings nur bis nach Vaterstetten.

Der Prospekt, der dem Schäserl noch aus seinen fabrikneuen Tagen beilag, zeigt ein strahlend junges Mädchen, an einem Bach zwischen Dotterblumen kniend und dem Geliebten auf einer weißen Serviette das üppige Mahl bereitend. Dahinter grüßt der Wendelstein. Die Rast des Viertwagerl-Fahrers aber findet leider nicht vis-à-vis vom Wendelstein statt. Sondern auf einem schäbigen Kilometerstein, auf welchem das enttäuschte Frauchen sitzt wie weiland das Mariechen in dem bekannten Lied. Denn seit zwei Stunden sieht sie nur mehr die Brandsohlen ihres Mannes, der mit verschmierten Händen unter dem Stiefkind Gottfried Daimlers auf dem Rücken liegt.

Endlich kommt er wieder hervor und erklärt mit hängenden Schultern seinen technischen Bankrott. Dann verzehren die zwei mit müden Lefzen und leise knirschenden Flugsandzähnen das mitgenommene doppelte Tomatenbrot. Sie halten es mit dem zerknüllten Pergamentpapier. Denn alles in der nächsten Umgebung riecht stark nach angeräuchertem Treibstoff mit der Oktanzahl fünfhundertvier. Ein mitleidiges Ochsenfuhrwerk schleppt das Wagerl schließlich an den rasch abmontierten Hosenträgern des Jungfahrers zur nächsten Tankstelle ab. Wobei die beiden Ausflügler ernüchtert feststellen: »Schaut fast so aus, als wären wir doch zum Zufußgehen geboren.« Und daheim wird dann sofort inseriert.

Atemlos, leise transpirierend, horchen sie am nächsten Samstag hinter der Wohnungstür, wie der neue Besitzer den mürrischen Anlasser tritt und das verkaufte Dun-

lop-Rößlein dem glücklichen Herrn höhnisch im Zwei-
takterdialekt zuröchelt: »Ghörtdascho, ghörtdascho.«
Dann fährt der erlöste Herrenfahrer sein junges Glück
zärtlich zur weichen, weißen Ehewiese im Schlafzimmer
hin. Denn er kennt da noch eine ganze Menge lohnender Ausflugsziele. Die er auch fast mühelos erreicht.

Schneider-Schwänke

Als im letzten Jahr wieder die Parade der Eitelkeit und die Mode-Woche über München hereinbrachen, wollte der alte Textilien-Spion einen Blick hinter die Kulissen der Nadelstichler-Gilde werfen. Denn er meinte, das alte Sprichwort »Kleider machen Leute« müßte eigentlich richtiger heißen: »Leute machen Kleider«. Also machte er sich auf zu Deutschlands berühmtestem Einfädler, der »Nadel der Nation«, Max Dietl, in dessen Knopflochschlitzerei in der Residenzstraße. Und auf dem Anmarschweg fiel dem Gabardine-Philosophen, der in seiner Maienzeit nur immer bei dem berühmten holländischen Bekleidungshaus »Van der Stange« einkaufte, mancher Schwank über die öfters belächelte Meck-meck-meck-Meute ein.

Da gab es beispielsweise in Sendling den Schneider Geißlein, von dem behauptet wurde, seine Kundschaft müßte sich beim Maßnehmen auf einen großen Bogen Papier legen und Herr Geißlein würde dann einfach mit dem Bleistift um den Hingestreckten herumfahren. Außerdem würde er auch in ehrwürdige Bratenröcke und dunkelblaue Heiratsmonturen an das rechte Hosenbein ein kleines Tascherl für ein feststehendes Messer hinnähen. Wohl auch deshalb bezogen die friedlich gesinnten Tanzboys ihre Tangoschalen doch noch lieber

bei der »Goldenen Neunzehn«, wie ein Abzahlungs-
schuppen im Münchner Tal hieß. Allerdings konnte
man sich beim Sonntags-Schwoof mit so einem Wams
niemals wieder hinsetzen, wenn man einmal warm-
gewalzt war. Denn dann schrumpften die Ärmel und die
Hosenbeine rasch wie eine ausgehauchte Ziehharmoni-
ka zusammen, und auch der schönste Gigolo sah dann
aus wie eine schlampig eingewickelte alte Wurst.
Zur zweifellos größten Popularität brachte es wohl der
sagenhafte Schneider von Ulm, der im Beisein eines
herablassend lächelnden Bischofs mit selbstgebauten
Schwingen vom Münster herabsprang und zerschellte.
Was Bertolt Brecht in einem Gedicht beschrieb, dessen
letzter Absatz lautet:

»Die Glocken sollen läuten,
es waren nichts als Lügen.
Ein Mensch ist kein Vogel,
es wird nie ein Mensch fliegen«,
sagte der Bischof den Leuten.

Mit solchen Erinnerungen stand dann der alte Dietl-
Freund schließlich dem »strammen Max« gegenüber.
Und im fröhlichen Gespräch erwies sich der stolze Mo-
depreisträger plötzlich nicht nur als hervorragender
Kammgarnkonstrukteur, sondern auch als köstlicher
Komiker. Denn er machte dem Besucher auf eine um-
werfende Art vor, wie ein Bilderbuchschneider sitzt,
schwitzt und schwatzt. Bei dieser Pantomime wäre wohl
sogar der große Marcel Marceau unter seiner leuchten-
den Kalkhaut noch vor Neid erblaßt. Und weil der

Modegast dabei gerade an das ehrwürdige Münchner
Mimen-Museum dachte, fiel ihm auch eine Geschichte
ein, die sich dem Vernehmen nach tatsächlich im Re-
sidenztheater zugetragen hat.

Da gingen also zwei Freunde in eine festliche Abend-
vorstellung. Und kurz vor dem Platznehmen sagte der
eine zum Spezl noch schnell: »Du host dein Tauben-
schlog auf.« Der angesprochene Kleidermuffel dachte
sich: »Na ja, schön, den Reißverschluß kannst du ja
dann beim Hinsetzen unbemerkt zuziehen.« Doch
dann zwängelte sich noch rasch eine verspätete Lady
mit wallender Robe an seinem Sessel vorbei. Also be-
schloß der Getadelte, den kleinen Schaden beim Auf-
stehen zu beheben. Doch als er dann den »Ritschi-
Ratsch« hochzog, klemmte er das Abendkleid der
drängelnden Schönheit mit ein. Die Folgen waren aben-
teuerlich. Denn die zwei siamesischen Zwangs-Zwillin-
ge kamen einfach nicht mehr voneinander los. Und
selbst als das Licht ausging, gab's keine Lösung. Auch
das zischelnde »Hinsetzen!« oder gar die böse Galerie-
Bemerkung: »Kennts ihr net wartn, bis 's wieder da-
hoam seids?« entspannte die Lage nicht.

Halb zog er sie, halb sank sie hin, hieß die letzte Alterna-
tive, so daß die eingezwickte Dame schließlich auf dem
wildfremden Herrn zu liegen kam. Erst das Taschenmesser eines gnädigen Nachbarn und ein energisch ge-
führter Kaiserschnitt brachten die erlösende »Entbin-
dung« und einen schmählichen Abzug mit sich. Das
Stück aber, das an diesem Tage auf dem Spielplan stand,
hieß ausgerechnet »Iphigenie auf Tauris«.

Atombomben-Philosophie

Zu den bekanntesten Bodenerhebungen Münchens,
dem Petersbergl und dem Nockherberg, hat sich längst
ein dritter Miniatur-Himalaja gesellt. Der Schwabinger
Schuttberg. So wurde nämlich der riesige Haufen Un-
glück, der sich am Nordrand der Stadt ziemlich unfrei-
willig erhebt, getauft. Im Stadtrat war allerdings der
Name »Kreuzberg« dafür vorgeschlagen, aber auch ab-
gelehnt worden. Obwohl es damals schon ein rechtes
Kreuz gewesen ist, wie man weiß!
Heute sind die vielen Millionen Kubikmeter Angst und
Jammer längst grün überwuchert. Und vielen Münch-
nern ist der Berg ein beliebtes Ausflugsziel und auch ein
lohnender Ausblick geworden. Wie auf den Kinder-
zeichnungen zu einem Schülerwettbewerb sieht es aus,
wenn an schönen Tagen die Spaziergänger den Serpen-
tinenpfad hinaufkrabbeln. Ahorn-, Nuß- und Birken-
bäumchen sprossen kräftig aus den zerfaserten Schlaf-
zimmer-Resten. Schon haben ihre Stämmchen wieder
Möbelstärke erreicht. Und neues Sperrholz wächst aus
den Ruinen.
Droben aber, neben dem mahnenden Gipfelkreuz, ist's
still und schön. Im Süden die mächtige Alpenkette, vor
der man schnell stumm und leise wird. Als sagte der
liebe Gott: »Da schauts her, so macht man ein Gebirge.

Nicht aus zerstampften Wohnhäusern und geschlachteten Eigenheimen.« Direkt an einem Sonntagvormittag muß der Schöpfer das Karwendelmassiv eigens für das Bayernland aufgeschichtet haben. Damit sich die Einheimischen ja nicht verlaufen können in die weite Welt. Und im Vordergrund heben die Kirchtürme der Stadt ihre Zeigefinger. Wie beim Aufrufen. »Sankt Ludwig« – »Hier!«, »Alter Peter« – »Ja, wos is denn?«, »Liebfrauendom« – »Bin scho do!«

Flach und egal ist das Gelände nach Norden hin. Der norddeutschen Tiefebene zu. Exakt und viereckig wachsen der Spinat, der Porree und die gelbe Rübe auf den sauberen grünen Schachbrettfeldern der Gärtnereien. Gebückte Arbeiter, krumm wie Wiener Würstl, biegen sich immer wieder gerade, damit sie abends in ihre Traumfutterale passen. Weiter hinten rauchen die Fabriken ihre langen Schornsteinzigarren, die einfach nicht kürzer werden davon. Auf der anderen Seite stehen Kirchen im neuesten Stil. Die Türme schauen aus wie Silos der Frömmigkeit.

Direkt unten am Fuße des Hügels ist ein Tennisplatz. Es spielt nur ein Pärchen heute. Und der weiße Ball fliegt zwischen ihnen hin und her wie ein Kartoffelknödel bei einem erbitterten Ehestreit. »Do, friß 'n doch du!« Die langen Beine der Dame in dem lächerlichen Röckchen gehen ihr fast bis zum Hals. Vom Oberwiesenfeld her, wo am Rande des Olympiaparks die Kasernen stehen, klingt ein hölzernes Bretternageln herüber. Vielleicht wird gerade eine neue Kompanie eingekleidet. Aha, da marschieren sie ja auch schon. Sie singen wohl dazu,

aber man hört es nicht. »Drei, vier.« Nun, jenes böse
Lied wird es sicher nicht sein: »Wir werden weiter
marschieren, bis alles in Scherben fällt.« Eher schon
vielleicht die Melodie: »Wenn das Heidekraut rotlila
blüht«, wie es so schön heißt. Auf dem Onkel Fritz und
dem Schwager Franz. Wie es aber leider nicht heißt.
Ein Papierdrachen schaukelt auch im Herbstwind.
Aber auf einmal drückt ihn die unsichtbare Hand der
dritten Jahreszeit energisch zu Boden. Dann schweben
zwei Segelflugzeuge über dem Gipfel. Dem Kind, das
staunend aus dem Wagerl zum Himmel schaut, singt die
Mutter die Ballade vom Mariechen vor, das träumend
im Garten saß: »Der Geier kreist über die Berge, die
Möwe zieht stolz einher.« Etwas später reiten zwei
Hubschrauber durch die Lüfte. Man sieht die lachen-
den Piloten drin sitzen. Ärgerlich fährt der Junggeselle
hoch, der eingeschlafen war, und macht eine wischende
Bewegung zu den Fliegern hin. Als wollte er mit der
Hand eine lästige Fliege fangen. Vorsichtig öffnet er die
Finger und schaut nach. Der Hubschrauber ist nicht
drin.
Auf der Ruhebank vorne sitzen zwei alte Münchner. Ein
Pessimist wohl und ein Optimist. Und sie philoso-
phieren: »Wos kannst jetzt do macha, wenn aso a
Atombombn foiat«, lamentiert der eine. »Gor nix.« –
»Doch«, sagt der andere, »a Kreiz.« Und nach einer
Zeitlang: »Konnst du dir des vorschtoin, wenn's von de
gewöhnlichen Bombn scho so an Haufa Schutt gibt, wo
mir grod draufsitzn? Nachad gibt's 's nächste Moi an
Berg, der is ja mindestens zehnmoi so hoch wia d'

Zugspitz.« – »Ja, ja, mindestens«, bestätigt der Optimist, »aber woaßt, des hod aa wieda sei Guads – nacha
konn ma wenigstens glei z' Fuaß in Himmi naufgeh.«

Nackt, wie der Herbst ihn schuf

Der Indianersommer geht über den Boulevard. Leise gebückt und mit einem wissenden Untergangslächeln. Wie der große Häuptling Sitting Bull nach der Schlacht am Little Big Horn. Die Tragödie nimmt ihren Verlauf. Das Jahr ist nicht mehr aufzuhalten.

Hoch oben suchen zwei Fliegerhummeln am Himmel herum und können sich nirgends hinsetzen. Sie singen hell und brav wie artige Kommunionkinder. Der Baum an der Ecke legt einen vollkommenen Striptease-Akt aufs Zementparkett. Er läßt einfach alles fallen. Und steht schon ohne ein Blätter-Negligé da. Nackt, wie der Herbst ihn schuf.

Die kleinen Mädchen gehen schneller im Großstadtstraßenwind. Sie tragen jetzt Kettenhemden aus gelber Nibelungenwolle. Wie Jung Siegfrieds züchtige Bräute. Ein Jüngferlein hält Saisonschlußverkauf im weißen Blüschen. Miß Sunlicht ist das. Sie wippt perfekt. Und die letzte aus dem Schwabinger Geschlecht der barfüßigen Gräfinnen huscht tatsächlich noch mit blanker Sohle über die schattige Asphaltwiese. Die zierlichen Rosenkohlzehen mit den signalroten Etiketts aber runzelt sie schon sehr nach oben.

's Deandl hod gsogt, 's Deandl hod gsogt,

's Deandl hod gsogt,
jetzt kummt da Hiarbst, Hiarbst, Hiarbst.
Kummst auf d' Nocht, kumst auf d' Nocht,
kummst auf d' Nocht,
damits d' ned vadiarbst, vadiarbst, vadiarbst.

Ein radelnder Bäckerbub singt das, kurvt elegant und wird vom Schutzmann sachlich aufgeschrieben. Die Spumante-Mädchen der Eisdielen müssen ihr Schürzchen nur noch ganz selten heben. Und die schwarzen Geldtaschen, die sie darunter verbergen, sind unprall. Vor dem Fenster des Haushaltwarengeschäftes steht Carmelita Hasenglück, ein kleines Fabrikzähnchen, mit ihrem Verlobten aus der Abteilung Materialprüfung. Jaja, so rasch ging das. Sie hatte mehr als ein Hasen-Glück. Sie stanzte nur einen Sommer lang. Im November sind sie schon Familie.

»Sie, bitt scheen, ham Sie a Zindhölzl?« Dem alten Hagestolz wackelt der Zwicker vor Erstaunen. Doch dann kichert er lautlos in sich hinein, schaut vorsichtig um und zündet dem schiefnasigen Gassenbuben eigenhändig die frisch gestopfte Kastanienpfeife an. Eine dünne Rauchspirale steigt auf, ringelt sich und wird zum drohenden Paragraphen. Die zwei gehen rasch auseinander.

Den Buben würgt es sehr. Den Alten auch ein wenig. War's nicht erst gestern, denkt er, als er selber noch Buchenlaubkrüllschnitt paffte. »Bind da fei d' Hosn unt zua«, hieß es damals. Und der Arzt nahm ihm den blauen Nebel aus dem Mund.

Da Summa is umma,
jetzt miaß ma hoid wartn,
bis d' Schwoim wieda kumma,

sagt der runderneuerte Kolonialwarenhändler, als der
träumende Wanderer an ihm vorübergeht. Dann
schreibt er mit Kreide und dreimal falschem »m« an die
schwarze Preistafel: »Prima Hustenbommbom«.
Der frühe Abend ist ganz in Watte gepackt. Warum
bloß alle Menschen so dankbar aussehen und Rekonva-
leszenten-Augen haben. Nur dem Jüngling im vorletz-
ten Trottoircafé-Korbstuhl ist bang. Doch da kommt sie
ja endlich, die Geliebte. Aber ach, ein Rezept zeigt ihm
das Mädchen und sagt mit zerbrochener Scherben-
stimme: »Es stimmt scho, Peppino. Grande Misere.«
Ein Rheinstahlsopran aus der Musikbox schreit dazu
aus verstecktem Munde: »Man hat dir weh getan ...«
Der oktoberalte Mann im Nebenstuhl schaut dem
schreitenden Unglückskind sehr dringend nach. Der
hat's notwendig. Bei dem ist doch schon lang Haus-
schuhzeit. Und aus dem Jackett hinten schaut ihm ein
Katzenfell heraus. Boulevard der Dämmerung.

Sommer, ade

»Das gilt jetzt nix mehr«, sagt die Zeit auf einmal wieder. Und sie wischt einfach einiges aus. Die Liebesschwüre vom Mai und das Zahngeschwür vom Juni. Oder beispielsweise den Metzgermeister Georg Gaul, dem mitten im Juli die Eisen heruntergerissen wurden, kurz bevor er beim großen Schafkopf-Rennen seines Stammtisches Erster geworden wäre. Und auch die brave Witwe Stanglmaier, die im August vom Stangerl fiel, ist ausgelöscht. Obwohl sie doch so gern im September noch den Holler von ihrem Heimgarten eingemacht hätte. Die Gläser waren schon bereitgestellt. Doch nun läßt der zerrupfte Strauch die schwarzen Perlen einfach sinnlos wie dunkle Tränen in die verwaisten Beete hinabtröpfeln. Auf die es das junge Ehepaar Wackelzahn schon lange abgesehen hat.

Da kann der Gastarbeiter Michelangelo Peruggi ja direkt von Glück sagen, daß er gerade noch dableiben durfte. Eigentlich stand er nämlich schon auf der Heimreiseliste. Da entdeckte ihn rein zufällig die alte Baugeschäftsbuchhalterin Dreiheilig. Und setzte einen anderen auf die Entlassungsvorschläge. Weil sie der Michelangelo nämlich so unglaublich an den Ben Hur erinnerte. Nein, sonst wirklich aus keinem anderen Grund. Nur deshalb gab man dem Peruggi noch einmal

eine Chance und einen langen Besen in die Hand mit
einer zwei Meter breiten Bürste. Mit der putzt er jetzt
jeden Morgen dem Stachus-Untergrund die Zähne.
Doch manchmal summt er dabei leise vor sich hin: »Wo
sind die Bräute von gestern? Und die Löhne vom ver-
gangenen Jahr?«

Die Mutter Natur ist wieder einmal am Abräumen.
Draußen im Bierkeller schiebt sie das Laub auf den
Tischen hin und her wie ein unschlüssiger Spieler die
Jetons. »Nichts geht mehr«, sagt der mürrische Wind,
und vom schäbig gewordenen Kastanien-Himmel fallen
plump und aufdringlich ein paar braune Rheumatis-
mus-Äpfel herab. Irgendwie fiel in den riesigen runden
Maßkrug-Bottich auch eine kleine Maus. Die saust jetzt
in irrsinnigem Tempo wie die Oktoberfest-Steilwand-
kitty immer im Kreise auf den senkrechten Dauben
herum. Der große junge Schäferhund des Wirtes, der
sie lange verwundert anschaute, beschließt dieses Ren-
nen schließlich mit einem einzigen Wischer seines Vor-
derlaufs. »Brav«, sagt sein Herrchen dazu, doch die
Maus stirbt wie ein Mann. Und macht schnell noch eine
winzige drohende Faust hinter seinem Rücken. Sie wird
sich's merken.

Die Bierkellnerinnen sind meist alle schon unterwegs
nach Meran zur Kur. Dort essen sie täglich sieben Pfund
Trauben, erzählen sich die intimsten Geheimnisse über
ihre Hammerzehen und sagen verschämt: »Geh, genga
S' zua«, wenn man sie mit »Gnä' Frau« anredet. Nur die
alte Wally ist dageblieben. Sie braucht das verdiente
Gerstl nämlich für ganz andere Zwecke. Und sie erzählt

Paulaner-Keller, Am Nockherberg

der weißhaarigen Rosa, die sowieso schon lange nicht
mehr fortfahren mag, weil sie in einem fremden Hotel
die gewohnte Traummulde ihrer alten Birnbaumbett-
statt vermissen würde, ihren ganzen Haushaltsplan:
»Am Fannerl miaßn d' Mandln rauskumma. Erschta
Klaß, weil s' sovui Angst hat. Da Bua wui a Kletter-
ausrüstung, weil a doch bei de Naturfreinde is, und i
soiba brauch neie Zähn. Mei oids Tellafleisch-Piano is
nämli hi«, sagt sie, und sie zeigt es. »Aber a Kranken-
kassen-Klavier daugt hoid nix«, meint sie noch. Und
drum bleibt halt wieder einmal null Komma null. Dazu
macht die Wally zwei tief erstaunte ovale Augen. Und
die Nase zwischen diesen Nullen ist dann das Komma.
»Aber«, so meint sie noch, »i gib gern, solang i no ko.
Denn wenn ma amoi nimmer ko, muaß ma ja do ois
dolassn.«

Und dann sagt sie noch was, die alte Kellnerin Wally:
»Woaßt, Rosa«, sagt sie ganz leise, »ma soi imma mit
warme Händ gebn und ned mit koide.«

Seitdem heißt er »Mister Ketchup«

Droben im zahmen winterlichen Isar-Dschungel röhrt
es durchs Tal wie bei einer Jahresversammlung brünsti-
ger Hirsche. Die Hirsche sind auch tatsächlich da, aber
röhren tut der winzige See. »Hö-hö-högags« oder auch
»Bre-gege-geks« macht der Lago di Spitalo, wenn ihm
die hölzernen Pensionisten-Wanzen den kalten Buckel
hinauf- und hinunterrutschen. Hinterbrühl heißt dieser
kleine Ort der Nachmittagsfreude, aber weil es fast
ausschließlich gemütliche Ruhestandstouristen, Aus-
tragler und Invaliden sind, die sich dort in ihren ge-
schenkten Stunden mit ihrer »Freude am Stiel«, dem
Eisstockschießen, vergnügen, nennt sich dieses Feier-
abendmeer auch gerne »Tritschler-Brühl«.
Vorsichtig umkurvt der »Lachadadi«, ein gefürchteter
Massler und Kritiker, das stark umkrustete Quell-Loch,
wo das Eis noch ganz dünn ist, so daß man das Herz des
Sees leise schlagen sieht. Er hat seinen Spitznamen von
den unentwegten Bemerkungen, die alle mit den An-
kündigungen beginnen: »Lacha dad i, wenn's an Goasare amoi hihauad.« – »Lacha dad i, wenn der aa amoi
wos dreffat, außa bloß oide Bekannte.« – »Lacha dad i«,
– aber er lacht immer nur über die andern. Über sich
selber natürlich nie.
Dann ist da noch mit von der Partie der beurlaubte

Ordnungsmann Zagerl, der immer noch ein paar versteckte Konfetti in den sauberen Fastnachmittag hustet und dazu beteuert: »Manderl, do reißt's das rauf, de Sachan. De Luft is ma scho lieba ois wia a Tieffliegerangriff oder a Pfund Schtreichwursch auf hoibe Markn.« Ferner der Offiziant Wagenpfeil, der ausdauernd neben seinem Eisstock herläuft und ihn abwechselnd lobt und bedroht: »Laaf nur schee, Buale. Drah de nur a wengal, Kloana! Ja, schaug da nur grod den Sau-Zahn o, wia der jetzt obfoit. Ja, di hoaz i ja auf d' Nocht glei ei, du boiziga Fliangschwammerl.« Auch der Mesner Ziegler macht keine schlechte Figur. Nach jedem Schuß krümmt er sein mageres Gestell, als wenn er schon im sicheren Fegefeuer wäre, und manchmal windet er gleich gar seine Valentin-Wadl spiralförmig zusammen, daß sie ausschauen wie die Kanzelsäule in einer alten Dorfkirche. »Manna, laßts mi hi«, fordert immer wieder der wuchtige Brezenbeck Lerchel. Er zielt sehr lange und genau, sagt »Ho-ruck« und fehlt todsicher. Dazu hat er einen unerschöpflichen Vorrat an Entschuldigungen. Von ihm ist sicher auch der alte Spruch abgeleitet:

Koan Schiaßa gibt's im ganzn Kreis,
der für sein Schuß koa Ausred weiß.

Manchmal kommt auch der Lindner-Vadda daher, der sich zwei Taschentücher um die Stiefelsohlen bindet, als Gleitschutz. Auch ein Tomatentandler erscheint öfters. Einmal, nach einer schwungvoll anvisierten Maß, fiel dieser auf die kalte Prärie und zerquetschte die Toma-

ten, die er in der Manteltasche immer als Wegzehrung
bei sich trug. Seitdem heißt er »Mister Ketchup«. Bliebe
noch zu erwähnen der pensionierte Magistratsrat Zins,
der so langsam geht, daß seine Freunde von ihm behaupten, man könnte ihm die Schuhe unterm Spazierengehen doppeln. Immerhin aber hat er ausgerechnet,
daß ein Eisstockschütze an einem einzigen Nachmittag
eine Strecke von zwölf Kilometern zurücklegt. »Und
des Geh ist ja so gsund«, versichert er im tiefsten Brust-
ton. Wenn ihn aber daheim seine Frau bittet, das Heizöl
vom Keller heraufzuholen, lehnt er das entrüstet mit
den Worten ab: »Oide, des ko i net macha, i bin doch
schließlich net beim Gehschportverein, oder?«
Und dann die Dialoge: »Massig heradoa, hob i gsogt, is
des vielleicht a Liter, du Wuidbahner.« – »Wer hod, ihr
habts? Ja, vielleicht an gräßan Dreeg an de Wadl. Oder
an guadn Charakter, des mog scho sei.« – »Fahr eahm
schee noche, Böck. Aber geh, i hob da doch scho hun-
dertmoi gsogt, ganz lind muaßt auflegn, wia wenns d' a
jungs Madl am Bauch kitzln dadst.« – »O Jessas naa,
Franzä, no an soichan Schuß, und du kriagst de nächste
Hauptroin im Freischütz.« Und gewettet wird da:
»Woos, der hod nix? Ja, da weddad i glei zehn Pfund
oide Ansichtskartn.« Auch »drei Kübel Sand«, »zehn
Brezn« oder »eine Million in bar« verspielt der Heim-
gartenpächter Kilian Ranzenfracht unter Umständen.
Und über all diesem kleinen Glück strahlt der blaue
Februarhimmel. Und der Tag läuft halt viel zu schnell
aus dem gelben Sonnenspundloch, und man kann ihn
leider auch nicht in Flaschen abfüllen.

Und gerade heut hat es der Lachadadi wieder ganz
besonders wichtig. Er tadelt den halbtauben Alters-
heim-Urlauber Hartleben, der wegen seines Gehör-
leidens einen goldenen Knopf im Ohr hat und deshalb
auch »Admiral Steiff« genannt wird, ganz besonders
schwer. Auch an dem eifrigen Schwägerl Max, der sich
sowieso alle zehn Minuten mit warmem Malzkaffee
dopt, läßt er kein gutes Haar. Und die ganze Runde ist
sich manchmal richtig darüber einig, daß sie es nicht
leicht haben mit dem Lachadadi. Nur weil er halt gar so
ein böses Weib daheim hat, billigen sie ihm weitgehend
mildernde Umstände zu.

Nun, schließlich ist auch dieser schöne Tag zu Ende,
und die Alten schütteln sich vorsichtig ihre Schwarz-
wurzelfinger. Der Lachadadi geht als erster, meckert
aber immer noch über den Rücken zurück, und auf
einmal ist er verschwunden. Und steht auch schon bis
zum Brustbein im Wasser. Weil der das pulsierende
Quell-Loch in seiner ewigen Nörgelei übersehen hat.
Jetzt krabbelt er mühsam ans Land, eingeweicht wie ein
Knödelbrot für ein größeres Vereinsessen. Der viel-
gequälte Goasare hat es als erster entdeckt. Und er
schreit dem Wiedergetauften mit großer Inbrunst nach:
»Lacha dad i, wenns d' jetzt noß worn waarst.«

Ein schadenfrohes Hohngelächter kommt auf, läuft
über den ganzen See und trifft den unfreiwilligen Was-
sersportler hinten ins Kreuz. Und meckernd folgt es
seinen nassen Spuren.

Wartesaal »Zum Weihnachtsmann«

Wartesaal »Zum Weihnachtsmann« könnte über den kleinen abgeteilten Herbergen, Kinderstuben und gastlichen Nebenräumen stehen, die fast alle große Kaufhäuser in dieser Zeit des Einkaufstrubels, der nimmermüden Drehtüren und Registrierkassen für die »Butzelware« reserviert haben. Dort werden nämlich alle die Bambinos, die kleinen Schneewittchen, Hans Däumlinge und hüpfenden Rumpelstilzchen aufbewahrt, die zwar sehr dringend auf das Christkindl warten, dasselbe jedoch beim Einkaufen noch nicht begleiten dürfen. Und schließlich kann man ja die »Herzibobberl«, »Wassermäuschen« und die heißgeliebten »Rehlein« auch nicht einfach draußen an den eisernen Ringen vor den Eingangstüren und an den Hausmauern anbinden wie einen Schnauzl.

In den reservierten Zwergen-Zwingern stehen viele Schemelchen und kleine Tische, mit Bilderbüchern, Baukästen und Plastikkugeln reich bestückt. Dazu wacht eine gute, ungemein geduldige Tante über die kleinen Pensionsgäste und wird mit hundert Fragen pausenlos gelöchert. Nur ganz selten fühlt sich einer der kleinen Liliputgäste hier einsam und steht etwa in der Ecke, den Daumen im Mund wie im Struwwelpeterbuch, während ein paar Wasserburger still und un-

hörbar von dem rauhhaarigen Teppichboden aufge-
schluckt werden. An den Wänden des kleinen Warte-
saals hängen viele selbstgemalte Schnellskizzen und
Porträtzeichnungen der jungen Künstler. Und immer
wieder tauchen Christkindl und Engel im Einzel- oder
im Gruppenflug auf den angehefteten Blättern auf. Sicher hätte der Forscher Erich von Däniken, der ja solchen Aeroplanen pausenlos auf der Spur ist, seine helle
Freude an diesen nachempfundenen Astronauten vom
Sternbild des Fuhrmanns und anderer Milchstraßen-
systeme. Auch manches Porträt nach dem bekannten
Schema »Punkt, Punkt, Komma, Strich – fertig ist das
Angesicht« grinst oder schmunzelt von dieser Ausstellung herab. Unter einem Kniestück, das besonders auf-
fällt, steht in schrägen Buchstaben, die sich wohl gegen
einen unsichtbaren Gegenwind anstemmen: »Daande
Helga«. Leider schaut diese nahe Verwandte aber einer
Beißzange verblüffend ähnlich. Bei einer rätselhaften
Pastellstudie, die gerade fertiggestellt wird, muß dann
die Kindergartentante viermal raten, was das nun sein
soll. »Ein Stachelbeerbaum?« – »Neiein.« – »Ein Ka-
russell?« – »Nein, auch nicht.« – »Oder gar ein Zie-
genbock?« – »Ha, ha, ha, bist du aber dumm, Tante.
Das ist doch der Onkel Hans, der immer kommt, wenn
der Papi nicht da ist. Und der dann soviel ißt. Älla-
betsch.«
Hölzerne Eisenbahnen, rote Luftballons zum Aufbla-
sen und Kunststoffbagger liegen auf dem Boden herum;
und viele viele Stifte und farbige Kreiden. Gerade noch
kann die Kindergartenmutter einem Dreikäsehoch so

ein Stück Tafelkreide aus den Milchzähnen räumen.
Der kleine Mann hat es nämlich verspeisen wollen, weil
er doch eigentlich ein Wolf war, aber gerne eine Sieben-
Geißlein-Stimme bekommen hätte.

Dann geht immer wieder die Türe auf, und eines der
Bübchen oder eine Zopfliesel wird von der Omi, der
Mama oder auch von irgendeinem Domestiken geholt.
Ein fahriger, abgehetzter Onkel nimmt einen Dreikäsehoch resolut an der Hand, doch der kleine Mann beginnt sofort, bitterlich zu heulen. Da merkt der zer-
streute Verwandte erst, daß er ja einen falschen Fechser
erwischt hat. Und als sich ein halb aufgelöstes Mütter-
chen bei ihrem Herzbinkerl entschuldigt, sie hätte dies-
mal so lange gebraucht, weil sie doch dem Weihnachtsmann helfen mußte, »und der hat doch auch nur zwei
Hände«, antwortet ihre kleine bleiche Prinzessin sehr
sachlich: »Warum nur zwei?«

Wenn schließlich die Hüterin aller dieser Großstadt-
spargel wirklich ein paar Minuten Zeit hat, setzt sie sich
wohl auch ein wenig in den großen Vorlesestuhl und
macht sich lächelnd einige Gedanken, um aus dem Be-
nehmen der Trolle und Tausendsassas herauszufinden,
was sie wohl später einmal alle werden würden. Dort
hinten der kleine Brillenträger beispielsweise, der völlig
ungerührt von dem ganzen Betrieb ein gemütliches Nik-
kerchen macht, der gäbe doch sicher einen prächtigen
Beamten ab. Jener strenge Marschierer hingegen, der,
die Hände auf dem Rücken, durch den Raum storcht
und mit seiner Stiefelspitze all die kleinen Bauwerke
zerstört, hätte vielleicht das Zeug zu einem berühmten

Feldmarschall. Wenn wir wieder einmal so einen Erobe-
rer brauchen sollten. Der verschmitzte Scharlatan, dem
es durch seine Überredungskünste gelingt, zwei gläubi-
ge Mitspieler zu veranlassen, daß sie ihn auf das große
hölzerne Pferd heraufheben, und der dann sofort alles
vergißt, was er versprochen hatte, als er endlich auf dem
hohen Roß sitzt, besäße womöglich die Fähigkeiten, ein
blendender Politiker zu werden. Dagegen jener Pfiffi-
kus in der Ecke, der einen gelehrten Professor mimt,
vierzehn verschiedenen Altersgenossen nacheinander
kritisch in den Mund schaut und dazu sagt: »Ihnen fehlt
gar nichts.« Der könnte zweifellos eine glänzende Zukunft als Vertrauensarzt oder als Betriebspsychologe
anstreben.

Und Friede auf Erden

In der Adventszeit weihnachtet es programmgemäß allerorts. Vor allem in den Schaufenstern. Mit sinnigen Sprüchen, glitzernden Kometen, silbernem Lametta-Krüll-Schnitt und wattiertem Bruchharsch reich garniert, wird dem unschlüssigen Käufer die ganze Liebesgaben-Kollektion unterbreitet. Festlich geschmückte Trompetenmundstücke, Levkojenzwiebeln, Spargelschälmaschinen, Trappistenkäserl, Rotkehlchen, Enzyklopädien, Blutdruckmesser und Knöcherlsulzen. Der Eifer der Werbung kennt keine Grenzen. Gelegentlich gerät er sogar weit darüber hinaus.

In einem kleinen Altstadtgasserl hat ein hochtalentierter Leberkäs-Stukkateur seine Schaufenster äußerst originell auf das nahende Fest abgestimmt. Zwischen Hammelkoteletts, geschnittenem Voressen und einem saftigen Ochsenschwanz ist büschelweise Engelshaar verstreut wie beim jährlichen Wettkämmen der Friseurinnung. In der Mitte der Auslage aber thront ein mächtiger, posauneblasender Engel, dessen Flügel aus zwei riesigen weißen Preßsackscheiben bestehen und der dem Beschauer mit stechenden schwarzen Wacholderbeer-Äuglein streng entgegenblickt. Zu Füßen dieses himmlischen Musikanten steht in Goldbröserl-Schrift: »Fröhliche Weihnachten.« Und etwas weiter darunter:

»Aus reinem Schweineschmalz!« Zwei niedliche Schäf-
lein aus Rindertalg, vermutlich aus dem Stalle zu Bethlehem versprengt, flankieren das Stilleben.
Äußerst sinnig sind auch die Geschenkvorschläge eines
modernen Kosmetiksalons. Geschmackvoll von Tan-
nengrün umrahmte Porzellantöpfe mit Warzenvertil-
gungsmittel, reichverzierte Dosen mit der bewährten
Pickelsalbe »Rabiat« und lamettaumwundene Hühner-
augenschaber »garantiert rostfrei«. Im Fenster daneben
inseriert ein schelmischer Tuchhändler mit witzigem
Spruch: »Zum frohen Fest – den Lodenrest«. Und ein
Tandler hat sogar synthetischen Rauhreif auf eine ehrwürdige Schale gestreut, in welcher die Orden des letzten Krieges sehr preiswert angeboten werden.
Als einzig passende Gabe für den festlichen Gabentisch
bietet ein Präparator nachdrücklich ausgestopfte Käuz-
chen an. Außerdem tropische Riesenkäfer und Schmet-
terlinge. »Longimanis« steht auf einem Prachtbur-
schen, der so groß ist wie ein Pausenbrot und aussieht
wie eine Riesenwanze mit Geweih. Etwas weiter stadt-
auswärts hat ein Händler von Korb- und Seilerwaren
seine Produkte mit viel Hingabe und Glimmerglitzer
versehen. Alle Gegenstände tragen außerdem ein Schild
für ihren Verwendungszweck. Auf einem zusammenge-
rollten blütenweißen Lasso steht: »Ia Hanfseil zum Auf-
hängen.«
Hinter den Glasscheiben eines Spielwarengeschäftes
werden ganze Stämme schuftiger Rothäute umzingelt,
zusammengedroschen und zerwirkt. Auch den burnus-
tragenden Gipsarabern geht es nicht besser. Die »Le-

Rosenstraße, Alter Peter

gion« stürmt auf die ungläubigen Erdölflöhe ein und massakriert sie gnadenlos. Den lieben Kleinen werden außerdem wärmstens empfohlen: Leopard-Panzer, feuernd, wendend und infanteriezermalmend, ferner Düsenjäger, Fallschirmspringer, kleine Tretminen und Plastik-Bomben.

Unter dem Motto »Friede auf Erden« wirbt ein Geschäft für Jagd- und Fischereiartikel. Auf grünem Tann liegen wuchtige Hirschfänger, glatt und steril, Giftköder für Ratten und Mäuse, blitzende Nickelfischlein aus Schwedenstahl mit fünfzackigen Innereien sowie künstliche Käfer mit zarter Widerhakenseele. Weihnachtlich verziert sind auch wuchtige Tellereisen, Legbüchsen, Viehschußapparate und bläulich funkelnde Gaspistolen. In der Ecke aber, zärtlich mit Lametta umwunden, liegt kalt und sachlich ein Schlagring. Und auf seinen antiseptischen Spitzen – sieht man goldene Lichtlein blitzen. Recht fröhliche Feiertage, kann man da nur mehr wünschen.

Weihnachts-Märchenzeit

Neben den hauchzarten Riesenkugeln steht noch ein Körberl mit dem Christbaumschmuck aus der Großmutterzeit. Da kramt ein Lodenmantelweiberl drin herum wie in ihrer Vergangenheit. Ein gläsernes Schifflein mit einer Watterauchwolke, glitzernde Zauberschlösser, kleine silberne Trompeten und die seltsamen goldenen Weihnachtsvögel mit ihren starrhaarigen Pinselschweifen. Oder die leise aneinander gicksenden Prinzessinnenketten, der getupfte Fliegenschwammerl, der Heinzelmann mit der geschulterten Axt und die Aschenbrödel-Schuhe. »Ruckediguck«, hätte die Frau beinahe gesagt. Doch da kommen zwei kaltnäsige Buben und fragen den gutmütig blickenden Schatzwächter: »Sie, bitt scheen, deaf ma a bisserl neischaugn?« Sie meinen in die roten und blauen Märchenkugeln, wo man dann ein Gesicht kriegt wie in den Lachspiegeln. »Aba schneids koane soichan Gfrießa net, sonst kriang s' an Schprung«, sagt der Mann. Weiter vorn dudelt ein altes Grammophon in die Dezemberluft. Lange kramt ein rüstiger Pensionist in den Platten und liest die Aufschriften. »Wissn S', Freilein, mia is de Lieblingsplattn von meina Frau nuntagfoin – und 's Christkindl soi s' ihr hoid wiedabringa. Vorn drauf war ›Des Negers Traum‹ und hintn der ›Japani-

sche Laternentanz‹.« Das junge Fräulein kennt aber
diese Weisen nimmer. Da will 's ihr der Kunde vor-
pfeifen. Aber nix kommt raus aus den gespitzten Lip-
pen. »Wissn S' wos, i kimm späta nomoi, wenn 's mi
nimma so ins Mei friert«, sagt der Musikfreund.
»Ja, so a Freid – jetzt kemma d' Leit!« Der Mann am
Rost klappert mit seiner großen Schere, mit der er die
duftenden braunen Fingerlinge am Wickel faßt. Zum
kleinen Bruder aber sagt der Gustl: »Da gehst jetzt ganz
nah hin zu dem und sogst recht laut: ›Es ist ein Roß
entsprungen!‹« Der jüngere tut's. Und mit der hölzernen Gurkenzange faßt ihn der Würstl-Chef dafür ganz
vorsichtig am Ohr. Und lacht nicht schlecht. Aber dann
gibt er ihm sogar eine aufgesprungene Bratwurst und
sagt noch: »Aba laß dein zahnadn Freind net beißn, du
Saubiawal, du frechs!«
Am schönsten aber ist und bleibt der Kripperlmarkt.
Die Hirten und Lämmer, die Esel, Nashörner, Tiger,
Ochsen, Elefanten und die Heilige Familie. »Sie, bitt
scheen, ham S' a Nilpferd, des wo nach rechts schaugt?«
fragt ein winziger Interessent mit angewärmtem Spar-
kassen-Inhalt in der Faust. Um einen leicht beschädig-
ten König Melchior entsteht ein zäher Handel. Und
ganz blank poliert ist das Geländer um das große Pan-
orama von Bethlehem, das am Eingang aufgebaut ist.
Und vor dem Wunder dieser Nacht beugen sich der
geschnitzte Bauer und der Holzknecht, der Jäger, der
Weise und der König im Scharlachkleid. Und verlegen
auch der hastende Großstädter.
Plötzlich erstarrt das Werbegeschrei vom Flaschldok-

tor. Die Spieluhren verklimpern, und die mechanischen Affen stellen erstaunt ihr Tschinellen-Klappern ein. Der große städtische Nikolaus hat die Tannenkanzel erklommen. Und schaut herab auf die glitzernde Welt. Die ganz Kleinen werden hochgehoben und erschauern im sicheren Ellenbogen-Sperrsitz vor dem himmlischen Herold. »O du fröhliche«, tönt es aus den Verkündigungstrichtern der Blasmusik bis zum Alten Peter hinüber. Zwei Mädchen mit dünnen Blechstimmen singen mit. »Likolaus!« rufen ein paar aus der hinteren Reihe der Butzelware und verstummen in jähem Entsetzen, wie der Mächtige zu ihnen hinschaut: Der gebeugte Mann mit dem Buben an der Hand steht da und horcht. Bis der Kleine immer wieder benzt: »Opa, jetzt kimm doch amoi, 's is ja scho lang aus!« – »Jetzt so a dumma Opa, goi«, sagt da der verträumte Greis lächelnd und kauft zwei mürbe Lebkuchen. Den einen kriegt sein Tonerl. Den andern bröselt er selber heimlich aus der Tasche. Nun sind sie ganz gleich alt. Der greise Mann und das Kind.

Alltag in der Wurzerstraße

L.P.: Der Sigi daheim. Ich sehe ihn noch in seiner grünen Schürze, wie er eine Gans liebevoll tranchiert! Zu Neujahr hat er – und das war Tradition – seinen Freund Stadtpfarrer Fritz Betzwieser und mich in seine kleine Wohnung in die Wurzerstraße zum Gans-Essen eingeladen. Es war zwar ein bisserl unbequem, weil er keinen richtigen Eßtisch hatte, sondern nur einen ganz niedrigen Couchtisch – aber es war herrlich!

Er hat die Gans selbst hergerichtet, mit einer Pinzette das letzte Federl weggerupft. Alles wurde mit der Hand gemacht, er hat die Kartoffeln selber gerieben, bis seine Finger wund wurden. Knödelteig aus der Tüte – da hat er abgewinkt. Alles mußte so sein wie früher bei seinen Eltern. Er konnte phantastisch kochen. Super! Große Essen – das aber war sehr selten.

Aus: Durchs Münchner Jahr mit
Sigi Sommer und Louise Pallauf
188 Seiten · ISBN 3-932142-04-7
DM 24,80 · öS 181,– · sFr 23,–

Erschienen bei

München · Starnberg

Es ist das Haus der Kindheit, das wir nach Jahr und Tag noch einmal besuchen. Und als wir die Tür vorsichtig öffnen, seufzt dieser hölzerne Bruchbudendeckl in den Scharnieren genauso wie einst in der Kniehosenzeit. So wie ganz abgeklärte Leute es tun, wenn sie in der milden Spätsommersonne sitzen und leise sagen: »Hm, ja, ja.« Die schmale Straße vor der betagten Mietskaserne hat längst eine glatte Asphalthaut bekommen. Sie ist jetzt in einer Richtung gesperrt, und auf einem Blechpfeil, der blau eingesäumt ist, steht »Einbahnstraße«. Weiter vorne beim Beamtenblock hält heute sogar ein dicker verchromter Omnibus. Die vier Ulmen vor dem Haus stützen sich mit den obersten Ästen direkt an den graugestrichenen Balkonen auf. So, als wären sie selbst auch schon recht müde geworden. Aber trotzdem sind wir immer noch nicht sicher, ob sie einen Buben getragen hätten, wenn er einmal vom höchsten Stiegenhausfenster hinübergesprungen wäre wie Tarzan. Nein, das wird wohl für immer ein ungelöstes Problem bleiben ...

Aus: Sigi Sommer, Erinnerungen

420 Seiten · ISBN 3-932142-00-4

DM 48,– · öS 350,– · sFr 44,50

Erschienen bei

edition schulz

München · Starnberg

Zeit

(1) Manchmal wird von jemand behauptet, er schlage die Zeit tot. Wenn dem so ist, meint Blasius, dann muß das der Zeit jedenfalls nicht weh tun, denn er hat ja beispielsweise noch keinen Donnerstag »au« schreien hören.

(2) Mit dem Vergehen der Zeit hat das was ganz Tröstliches auf sich. Denn wenn für den Otto Normalverbraucher ein Jahr vergangen ist, ist der Filmstar um zwölf Monate, der Ministerpräsident um 52 Wochen und der Heilige Vater um 365 Tage älter geworden.

(3) Die Menschen täuschen sich, wenn sie glauben, die Zeit geht vorüber. Dabei ist die Zeit doch immer da. Und nur die Menschen gehn an ihr vorüber. Das ist, wie wenn ein Schriftsteller schreibt: Ich fuhr durch das herrliche Engadin und sah durch das Zugfenster die liebliche Landschaft vorüberziehn. Als ob die Landschaft jemand mit einem Strick vorbeigezogen hätte.

Aus: Sigi Sommer, Der Große Blasius –
Sprüche, Aussprüche und Reflexionen

224 Seiten · ISBN 3-932142-01-2
DM 34,80 · öS 254,– · sFr 32,50

Erschienen bei

München · Starnberg